Los Godos

Una Guía Fascinante sobre Los Visigodos y Ostrogodos Que Saquearon Roma y Desempeñaron un Papel Esencial en La Caída del Imperio Romano Occidental

© Copyright 2020

Todos los derechos reservados. Ninguna parte de este libro puede ser reproducida de ninguna forma sin el permiso escrito del autor. Los revisores pueden citar breves pasajes en las reseñas.

Descargo de responsabilidad: Ninguna parte de esta publicación puede ser reproducida o transmitida de ninguna forma o por ningún medio, mecánico o electrónico, incluyendo fotocopias o grabaciones, o por ningún sistema de almacenamiento y recuperación de información, o transmitida por correo electrónico sin permiso escrito del editor.

Si bien se ha hecho todo lo posible por verificar la información proporcionada en esta publicación, ni el autor ni el editor asumen responsabilidad alguna por los errores, omisiones o interpretaciones contrarias al tema aquí tratado.

Este libro es solo para fines de entretenimiento. Las opiniones expresadas son únicamente las del autor y no deben tomarse como instrucciones u órdenes de expertos. El lector es responsable de sus propias acciones.

La adhesión a todas las leyes y regulaciones aplicables, incluyendo las leyes internacionales, federales, estatales y locales que rigen la concesión de licencias profesionales, las prácticas comerciales, la publicidad y todos los demás aspectos de la realización de negocios en los EE. UU., Canadá, Reino Unido o cualquier otra jurisdicción es responsabilidad exclusiva del comprador o del lector.

Ni el autor ni el editor asumen responsabilidad alguna en nombre del comprador o lector de estos materiales. Cualquier desaire percibido de cualquier individuo u organización es puramente involuntario.

Tabla de Contenidos

INTRODUCCIÓN 1
CAPÍTULO 1 - ¿QUIÉNES FUERON LOS GODOS? NOMBRES,
ORÍGENES Y ASENTAMIENTOS TEMPRANOS..4
    Orígenes de los Godos y Primeros Asentamientos..................... 6
CAPÍTULO 2 - HISTORIA DE LOS GODOS: RELACIONES CON LOS
ROMANOS, REINOS GODOS..9
GODOS Y ROMANOS 9
    Godos y Otras Tribus 13
    Reinos Godos 15
        Ostrogodos *15*
        Visigodos *18*
CAPÍTULO 3 - GOBERNANTES OSTROGODOS Y VISIGODOS...............22
    Gobernantes Ostrogodos 23
        Hermanarico *23*
        Valamiro *23*
        Teodorico el Grande *26*
        Amalasunta *31*
        Teodato *34*
        Reyes Ostrogodos Posteriores a los Amalos *34*
    Gobernantes Visigodos 38

Alarico I *38*

Ataúlfo *39*

Teodorico I *40*

Eurico *42*

Alarico II *44*

Amalarico *44*

Reyes Visigodos Después de los Baltos *45*

CAPÍTULO 4 - LA CULTURA DE LOS GODOS: RELIGIÓN, COSTUMBRES, JERARQUÍA SOCIAL **48**

Religión de los Godos 48

Costumbres de los Godos Paganos 49

Jerarquía Social de los Godos 51

CAPÍTULO 5 - LA VIDA COTIDIANA DE LOS GODOS: TRABAJOS Y DIVISIÓN DEL TRABAJO, VIVIENDA Y ARQUITECTURA, ARTE, OBRAS ESCRITAS **54**

Empleos en Tierras Godas 54

Vivienda y Arquitectura 57

Arte Gótico 58

Obras Góticas Escritas 60

CONCLUSIÓN: EL LEGADO GÓTICO EN EUROPA **62**

BIBLIOGRAFÍA Y REFERENCIAS **66**

Introducción

Cuando J. R. R. Tolkien estaba escribiendo su obra más conocida, *El Señor de los Anillos*, entre 1937 y 1949, se inspiró en varias fuentes, siendo el folclore europeo la mayor fuente de inspiración. Sin embargo, según algunas otras, también usaría figuras históricas de la vida real y basaría sus personajes en ellas. Por ejemplo, tomemos a Théoden. Théoden era un anciano rey de Rohan que, después de que Gandalf el mago lo ayudara a quitarle el yugo de Grima Lengua de Serpiente, se lanzó a la batalla y murió aplastado por su caballo. Sin embargo, los hombres lo levantaron y lo llevaron a la batalla, cantando alabanzas y derramando lágrimas. Los eruditos afirman que Tolkien se basó para el personaje de Théoden en un rey de la vida real que también murió al ser pisoteado por los caballos de sus tropas, pero que era conocido por su valentía y que, en el proceso, propinó una gran derrota a un enemigo superior. Ese rey era Teodorico I, la batalla tenía lugar en las Campos Cataláunicos y el rey era un godo.

No, no es el tipo de godo que se podría estar imaginando, estimado lector. Siglos de subcultura gótica nos han dejado con adolescentes angustiados que usan maquillaje oscuro, trajes de cuero ceñidos y pintura facial blanca. Pero antes de eso, el término "gótico" se refería a un tipo particular de literatura, popularizado por la novela de 1764 *El Castillo de Otranto* de Horace Walpole. Comenzaría toda una generación de escritores en prosa y poetas que se ocuparían de la arquitectura antigua, las iglesias, los hombres y mujeres misteriosos, lo sobrenatural y el elemento subyacente en el miedo. Sin embargo, incluso la literatura gótica tuvo que partir de algo. Y como ya hemos mencionado la arquitectura, es fundamental mencionar el arte y la arquitectura gótica. Este movimiento en particular fue popular en la Europa prerrenacentista, tomando algunos de los elementos de la arquitectura y el arte románticos y dándoles un giro más "bárbaro". Hay demasiadas iglesias, catedrales, basílicas y otros edificios que se hicieron en este estilo, pero incluso ese estilo tuvo que derivar su nombre de algo. Y si los términos "arte bárbaro" y "gótico" son algo por lo que hay que pasar, entonces sin duda los culpables son los godos.

En las clases de historia de la escuela secundaria probablemente solo se mencionaron a los godos de pasada. Aquí descubrirá que en algún momento se dividieron en ostrogodos y visigodos y que estuvieron al servicio romano durante un tiempo. No le culparemos si ese es el caso. Después de todo, durante un largo período de la historia, incluso los historiadores correctos evitaron hablar de los godos. Durante el ascenso del régimen nazi en Alemania, las ideas góticas y arrianas se interconectaron libremente con las ideas totalitarias de la supremacía racial y nacional del pueblo de Hitler. De hecho, demasiada gente pensará en esvásticas y campos de concentración si les menciona el término "arriano". Es una lástima que ese sea el caso porque esos dos términos están interconectados y forman una gran parte de la historia europea. Pero los conoceremos mejor, estimado lector. Profundizaremos en el fascinante mundo de los godos con una lente científica, explorando todo lo que podamos sobre cómo surgieron, dónde vivieron, qué hicieron y cómo murieron. Examinaremos los detalles esenciales de su vida cotidiana, así como algunos acontecimientos históricos importantes que fueron afectados por los godos de cualquier tipo. Estese listo porque hay un buen número de ellos.

La historia europea antigua y medieval temprana está repleta de información dispersa, contradictoria o incluso irrelevante. Por lo tanto, reconstruir un perfil étnico completo de un pueblo pasado puede ser una tarea abrumadora. Por lo tanto, no debería sorprenderle detectar en este libro algunas inexactitudes o preguntas sin respuesta. Pero no tenga miedo; incluso algunos de los más grandes historiadores que estudiaron a los godos, como Herwig Wolfram, no pudieron aprender todo lo que necesitaban saber (y mucho menos todo lo que querían saber) sobre los godos. Con suerte, lograremos reavivar algo de ese interés, con este hermoso volumen que tiene ante usted. Entonces, sin más preámbulos, profundicemos en el mundo de los godos.

Capítulo 1 - ¿Quiénes Fueron los Godos? Nombres, Orígenes y Asentamientos Tempranos

Una de las preguntas más comunes que la gente hace a los historiadores es: "¿De dónde vienen los godos?". Sabemos dónde vivieron, qué hicieron y cómo afectaron el curso de la historia humana, pero generalmente no sabemos nada concreto sobre sus primeros días. A diferencia de los sumerios, los acadios, los babilonios, los hebreos y muchos otros grupos de pueblos, no podemos ubicar exactamente el origen de los godos, incluida la forma en que obtuvieron su nombre. Por supuesto, existen muchas teorías diferentes sobre el tema, pero incluso hoy todas y cada una de ellas son debatidas ferozmente por historiadores y arqueólogos.

Los Nombres de los Godos

En ciertos momentos de la historia, la palabra "godo" sería un mero término general para una amplia franja de diferentes pueblos germánicos. Esto no es particularmente extraño, ya que los romanos (y realmente cualquier otro grupo de gente en el poder) tenían el hábito de no llamar a las tribus individuales por su nombre real si estaban reemplazando a una tribu cerca de las fronteras de su reino. Por ejemplo, los godos mismos fueron, en un momento dado, llamados "suevos", a pesar del hecho de que los suevos eran un grupo de pueblos completamente diferente. Lo mismo sucedió cuando los llamaron "escitas".

En otras palabras, cuando una persona en la antigüedad se refería a los godos, estaría hablando de los godos, vándalos, rugíos, gépidos, escitas, borgoñones y alanos, por nombrar algunos. Pero incluso los mismos godos vinieron en dos grupos de pueblos distintos (aunque por qué llegaron a ser dos grupos es algo que cubriremos en capítulos posteriores). En ese momento, más específicamente durante principios y mediados del siglo IV, fueron conocidos como greutingios y tervingios, pero con el aumento gradual de su prominencia en la política romana, adquirieron diferentes nombres. Los greutingios llevarían el nombre de ostrogodos, más tarde identificados como los "godos orientales", mientras que los tervingios obtendrían el nombre de visi, pero incluso ese se cambiaría más tarde (aunque por el estadista romano Casiodoro que había entrado al servicio del entonces rey de los ostrogodos, Teodorico el grande) a visigodos, los "godos occidentales". A pesar de ser esencialmente el mismo pueblo, e incluso compartir gobernantes en algunos puntos de la historia, las dos tribus eran muy distintas, y la historia de los godos realmente no se puede ver de otra manera que la historia de estos dos poderosos e influyentes grupos.

Cuando se trata del término "godo" en sí, la imagen se vuelve un poco borrosa. Los historiadores han tratado de vincular muchos "nombres originales" a la tribu, como Guti, Gutones, Gautas, Getas y Getafe. Sin embargo, ninguno de ellos ha demostrado ser de manera concluyente el mismo que los godos de la antigüedad tardía, o incluso sus antepasados. Por ejemplo, en la Italia de los ostrogodos, se llamaban a sí mismos Gutthiuda, que significa "hombres godos", con muchas otras variaciones existentes en otros idiomas como el nórdico, el griego y el latín.

Una teoría interesante es que los godos obtuvieron su nombre de una supuesta deidad mayor y el progenitor de la dinastía real gótica de Amalos, un dios llamado Gaut o incluso Gautur. Si bien no es concluyente, nos da una buena idea de lo importante que eran los Amelungos para los godos si estuvieron dispuestos a nombrar a todo un grupo étnico en honor de su primer gobernante.

Orígenes de los Godos y Primeros Asentamientos

La etimología del término "godo" suscita muchos debates candentes, pero no son tan acalorados, diversos o incluso controvertidos como los debates sobre el origen de los godos. Se han sugerido muchos lugares diferentes de Europa como su patria original, pero no podemos afirmar con ningún nivel de certeza que sean precisos. Un ejemplo común es la "patria original" del gótico escandinavo. A pesar de una grave falta de evidencia física, muchos estudiosos todavía sostienen que los godos vinieron de la región que forma la Suecia actual. El historiador romano oriental del siglo VI, Jordanes, llamó a esta patria gótica original Scandza (Escandinavia).

Si le damos algo de crédito a esta teoría, podemos suponer que el grupo de pueblos que se convertiría en los godos vino de Escandinavia a Europa continental a principios del siglo I d. C. De hecho, tenemos alguna evidencia de un asentamiento godo temprano en la Polonia actual, como parte de la llamada cultura Wielbark. Sin embargo, el sitio, que contiene más de 3.000 tumbas antiguas, no solo "albergaba" a los godos. También hay evidencia de gépidos, rugianos y vendos que habitan el área, lo que sugiere que todas estas tribus (incluidos los godos) simplemente vinieron aquí y se establecieron en un área donde había vivido una cultura anterior. Cualquiera que sea el caso, los godos (llamados gutones por los primeros historiadores) vivían en el área y tenían que lidiar con otras tribus a diario. Tres grupos tribales en particular librarían guerras y / o comerciarían con los gutones. Los primeros fueron los vándalos, los segundos marcomanos y los terceros fueron los rugianos y los lemovianos (se debate si estos dos eran la misma tribu o si debiéramos clasificarlos por separado). En siglos posteriores, los godos comenzarían a migrar hacia el este, habitando tierras cercanas al mar Negro. Esta nueva cultura fue un crisol de diferentes influencias. Aparte de los godos, también vemos rastros de los eslavos, dacios y sármatas. Los arqueólogos la han bautizado como la cultura Sântana de Mureș/Cherniajov. La primera parte del nombre proviene de la comuna de Rumania donde se ubican las localidades arqueológicas de esta cultura. La segunda parte es de origen soviético/ruso y se refiere al mar Negro.

Fue aquí donde los romanos entraron en contacto directo por primera vez con los godos, quienes los llamaron escitas. Podemos decir con seguridad que se establecieron por completo en esta región en la primera mitad del siglo III d. C. y que eran abiertamente hostiles al Imperio romano. Un gobernante godo, Cniva, en realidad dirigió un ataque combinado con diferentes tribus y posiblemente incluso desertores romanos entre sus unidades, contra los romanos; fue un ataque que entrelazaría para siempre el destino de los romanos y los godos.

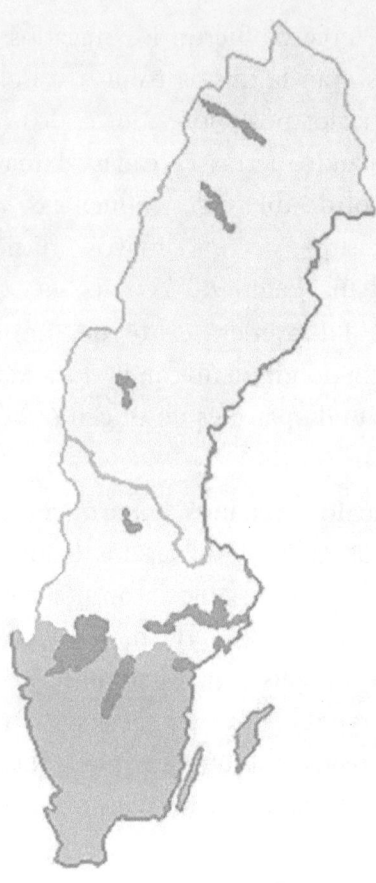

La región de Götaland en Suecia, con la isla de Gotland al este; algunos estudiosos todavía consideran esta región como la patria goda original

---

[1] Imagen original cargada por Fred J en 2005. Obtenido de https://commons.wikimedia.org/ en julio de 2019 bajo la siguiente licencia: *Creative Commons Atribución-CompartirIgual 3.0 No portada.* Esta licencia permite que otros mezclen, modifiquen y construyan sobre su trabajo incluso por razones comerciales, siempre que le otorguen crédito y licencien sus nuevas creaciones bajo los mismos términos.

Capítulo 2 - Historia de los Godos: Relaciones con los Romanos, Reinos Godos

Godos y Romanos

Como se mencionó en el capítulo anterior, Cniva fue el primer rey godo (aunque en este sentido el término "rey" es discutible) en liderar un ataque exitoso contra los romanos, ganando el asedio de la ciudad de Filipópolis (hoy Plovdiv en Bulgaria) en 250. Pero sería el año siguiente el que realmente trajo a Cniva fama entre los godos e infamia entre los romanos. Durante la batalla de Abrito (la actual Razgrad en Bulgaria), Cniva aplastó a las fuerzas romanas y mató tanto al emperador Decio como a su co-emperador e hijo, Herenio Etrusco. El nuevo emperador, Triboniano Galo, permitió que Cniva se fuera con todo su botín e incluso acordó pagarle un tributo para que no invadiera el imperio en el futuro. Este fue un éxito rotundo para los godos, pero lo que es más importante, fue una señal evidente de que los godos se convertirían en un factor sociopolítico prominente en el sur y sureste de Europa.

Media década después, los godos comenzarían a lanzar exitosos ataques navales contra los romanos. No sería hasta que Claudio Gótico, también conocido como Claudio II, se convirtiera en emperador de Roma en el 268, que las batallas entre estos dos pueblos cambiarían a ventaja romana. El emperador luchó en varias campañas contra una coalición de tribus germánicas conocidas como los alamanes, a quienes derrotó en la batalla del lago Benaco. Inmediatamente después de esta campaña, dirigió su atención a los godos, aunque atacaron primero con la intención de invadir Italia. Fue a finales de 268 o principios de 269 cuando las fuerzas de Claudio, dirigidas por su hábil comandante Aureliano, aplastaron a los godos en la batalla de Naisso (la actual Niš en Serbia). La muerte de Claudio en 270 provocaría la cuestión de la sucesión. Según todos los informes, el hermano de Claudio, Quintilo, tomaría el trono, lo que hizo con un gran apoyo del Senado. Pero el ejército romano no lo aceptó. En cambio, eligieron a Aureliano como su emperador en Sirmio (Sremska Mitrovica, Serbia), y los dos "emperadores" se enfrentaron en batalla. Aureliano obtendría una victoria decisiva y se convertiría en el legítimo emperador de Roma.

La habilidad de Aureliano en combate era bien conocida por los romanos. Fue él quien encabezó la carga contra los alamanes mientras Claudio todavía estaba vivo, y fue él quien aplastó a los godos en Naisso. Pero una batalla más con los godos consolidaría su nombre como un importante comandante militar, que tendría lugar en 271. Aureliano diezmó las fuerzas góticas, mató a su líder Cannabaudes o Cannabas y los obligaría a todos más allá del río Danubio. Sin embargo, renunciaría a todo el antiguo territorio de Dacia, una prominente provincia romana en los Balcanes y una de las primeras áreas que los godos habitaron en masa.

Los godos lucharían contra Roma en varias otras ocasiones con éxito variable. En 275, lanzaron su último ataque naval en Asia Menor, pero al año siguiente, fueron aplastados por el emperador Marco Claudio Tácito. Medio siglo después, en 332, el emperador

Constantino ayudaría sistemáticamente a los sármatas a trasladarse a la orilla norte del río Danubio. Los sármatas eran la primera línea de defensa contra los godos, que seguían atacando ocasionalmente. Según fuentes locales, los godos perdieron a más de 100.000 personas durante estas migraciones sármatas. Constantino incluso capturó a un tal Ariarico quien supuestamente era el hijo de los reiks a cargo de los godos (entraremos en el título de "reiks" y su relación con el término "rey" un poco más adelante). Incluso ya en este punto, los godos habrían tenido una relación complicada con los romanos. La gran mayoría de ellos actuó de forma independiente y atacó las fronteras romanas con frecuencia, pero también hubo decenas de godos que lucharon voluntariamente por el enemigo. La historia posterior resultaría igualmente complicada cuando se trataba de la cuestión de que los godos eran tanto aliados como enemigos del Imperio romano.

Los godos no encontrarían ningún éxito en la guerra hasta su rebelión que constituiría las guerras góticas de 376-382. Durante este tiempo, el emperador que controlaba la parte oriental del Imperio romano era Valente. Durante su reinado, tuvo que sofocar una rebelión de Procopio, un funcionario romano que se declaró emperador en Constantinopla. Mientras Valente tuvo que lidiar con Procopio, los godos se estaban preparando para rebelarse, lo que hicieron junto con algunas otras tribus en los Balcanes (como los alanos y los tracios). Los bárbaros y los romanos se enfrentarían en 378 en la batalla de Adrianópolis. Durante esta batalla, el cacique gótico Fritigerno obtuvo una victoria decisiva y aniquiló a dos tercios del ejército romano. Valens también murió en este momento, y hay al menos tres versiones sobre cómo sucedió. Los dos más comúnmente mencionados fueron él muriendo en la batalla o quemado vivo mientras yacía en una cabaña a la que lo habían llevado. La batalla fue una humillación que los romanos no esperaban, y muchos historiadores ven este evento como el preludio de la declinación y caída del Imperio romano Occidental (a pesar de la batalla que tuvo lugar en Adrianópolis, en los Balcanes, que en ese momento estaba ubicada en la mitad oriental del imperio).

Pero no se detendría con Adrianópolis. Los godos fueron masacrados en las calles en represalia por oficiales militares romanos, tanto soldados como civiles. Esto llevó a los godos a rebelarse aún más, matando y saqueando todo lo romano que pudieran encontrar. Sería la tarea del sucesor del emperador, Teodosio I, someter a los godos, lo que sorprendentemente hizo. Al principio, ofrecería a las diferentes tribus góticas desertar a Roma o ser aniquiladas. Su mayor éxito diplomático que implicaría esta táctica fue cuando negoció con Atanarico, uno de los jefes y tácticos militares visigodos más destacados de la época. Si bien el propio Atanarico murió antes de que pudiera aceptar definitivamente la oferta de Teodosio, sus sucesores se convirtieron en fervientes partidarios del Imperio romano. Teodosio incluso hizo arreglos para que el difunto cacique obtuviera un funeral enorme y extravagante, que asombraría a los demás gobernantes visigodos de la época. En 382, el emperador dirigió su atención a los ostrogodos, derrotando a sus líderes en batalla y perdonando a los supervivientes que se rindieron. Fue durante este año que a la mayoría de los godos se les permitió establecerse al sur de la frontera del Danubio, y algunos se trasladaron a Asia Menor. Gracias a esta maniobra, los godos se romanizarían cada vez más, mientras que las tropas romanas se volverían más germánicas.

Durante este tiempo, los hunos, una tribu nómada del este, estaban invadiendo la cuenca de Panonia y se estaban convirtiendo en una amenaza para las tribus locales, incluidos los godos. Los godos ya estaban experimentando una división, con el río Dniéster sirviendo como la frontera de facto entre ellos. Los tervingios / visigodos eran leales al Imperio romano y se convirtieron en sus foederati (territorios semiindependientes cuyos ejércitos tenían la tarea de defender Roma, pero que también recibían beneficios monetarios y territoriales del imperio) mientras que los greutingios/ ostrogodos tenían que lidiar con los hunos.

Misario de Teodosio I, Museo de Mérida, España. Tenga en cuenta los soldados góticos que quedan del emperador, quien está en el medio [2]

Godos y Otras Tribus

El pueblo gótico se mudaría bastante a lo largo de sus varios siglos de prominencia histórica. Esto les permitiría establecer relaciones con diferentes tribus en su vecindad cercana, ya sea que esas tribus estuvieran bajo el dominio romano o fueran sus enemigos directos.

Probablemente, la tribu más antigua de la que podríamos decir que fuera amistosa con los godos fue la de los taifalos o los taifales. Este grupo se asentaría Dacia con los godos, y ya en el siglo III, atacarían y atacaron a los romanos bajo los "reyes" góticos. Sin

---

[2] Imagen original subida por Manuel Parada López de Corselas el 23 de enero de 2012. Recuperado de https://commons.wikimedia.org/ en julio de 2019 bajo la siguiente licencia: *Creative Commons Atribución-CompartirIgual 3.0 No portada*. Esta licencia permite que otros mezclen, modifiquen y construyan sobre su trabajo incluso por razones comerciales, siempre que le otorguen crédito y licencien sus nuevas creaciones bajo los mismos términos.

embargo, con el paso del tiempo, los taifalos, como cualquier otra tribu cercana a las fronteras romanas, entrarían al servicio del Imperio romano. Después de la caída de Roma, los taifalos ya estaban al servicio de la Galia. Casi desaparecieron de la historia a mediados o finales del siglo VI.

La relación entre los taifalos y los godos fue variada, por decir lo menos. Como ambos eran de origen germánico, cooperaron en muchas salidas militares contra Roma. Sin embargo, en ese momento, nada unía realmente a los taifalos con los godos por lo que luchaban contra ellos cada vez que un número significativo de taifalos entraba al servicio romano.

Cuando se formaron reinos góticos separados, cada uno de ellos tenía diferentes tribus con las que lidiar diariamente. Por ejemplo, los ostrogodos, tenían un enemigo brutal e implacable en los hunos. Cuando se trata de los Balcanes, los historiadores sostienen que los hunos eran una especie de "enemigo mortal" del pueblo gótico. Los godos incluso usarían a los hunos como parte de sus maldiciones y acusarían a las mujeres de brujería y de tener hijos con los hunos. Las peleas entre los invasores nómadas y los godos en Dacia serían frecuentes y extremadamente sangrientas, lo que llevó a una especie de colapso de los ostrogodos en algunas ocasiones. Sin embargo, extrañamente, algunos ostrogodos se unirían directamente a los hunos, ya sea mediante la rendición o desertando de la tribu.

Por otro lado, el reino visigodo de Toulouse (que cubriremos con más detalle un poco más adelante) tenía otras tribus con las que estaban en contacto. Dentro del reino mismo, varios grupos de pueblos diferentes disfrutaron de libertad cívica. Aparte de los godos y los romanos que voluntariamente entraron en los servicios de sus antiguos foederati bárbaros, el reino estaba compuesto por sirios, griegos, bretones y vascos, con una fuerte población de bárbaros migrantes como tracios, galindios, alanos, vándalos, taifalos, algunos galos, hérulos, warini, turingios, sajones, sármatas, suevos e incluso ostrogodos que huyeron de los romanos o los hunos. Los godos y los romanos, por supuesto, tenían el poder más alto en la tierra, pero eran muy distintos, especialmente en términos de cristianismo (cristianos romanos contra cristianos arrianos góticos). Fuera del reino, la mayor amenaza para los visigodos eran los habitantes de la Galia y, especialmente, los francos. Los francos serían los que destruirían el reino visigodo, pero antes de pasar a cómo cayeron los reinos góticos, deberíamos echar un vistazo a cómo surgieron.

Reinos Godos

Nuestra historia ha conocido a los godos por dos nombres principales. Se les conoce como greutingios o tervingios o, gracias a Casiodoro, a los ostrogodos y visigodos. Cada uno de estos reinos tuvo una historia vibrante que ocurrió junto con la caída del Imperio romano Occidental y el surgimiento de los reinos germánicos occidentales en Europa occidental y central.

Antes de pasar a los reinos individuales, debemos enfatizar cómo nos vamos a acercar a ambos. En lugar de repasar cada detalle de cada reino, lo trataremos con un resumen de cómo surgieron. Cada resumen comenzará con sus años de formación y concluirá con su caída. Finalmente, nos centraremos en los reyes de las dinastías más veneradas tanto de los ostrogodos como de los visigodos en un capítulo individual que sigue a este.

¿Por qué esta advertencia? Bueno, la historia de estos dos reinos es muy desordenada y bastante abrumadora, incluso para un historiador experimentado. De esta forma podemos ofrecerle los detalles más interesantes de los primeros reinos del gótico y cómo dieron forma al paisaje político y social de la Europa mediterránea, especialmente los Balcanes, la Italia de la antigüedad tardía y la península ibérica.

Ostrogodos

A primera vista, los ostrogodos son realmente interesantes, especialmente si miramos su linaje. Muchos gobernantes diferentes reclamaron orígenes divinos en toda Europa, y los gobernantes de los godos orientales no fueron una excepción. Como dijimos, los godos en realidad no tenían un sistema de gobierno hereditario, pero eso no les impidió tener sus dinastías, y la casa más poderosa para gobernar a los godos orientales eran los Amelungos, Amelos o Amalos.

Hablando históricamente, es difícil rastrear a algunos de los gobernantes más antiguos de esta dinastía. Sería interesante si pudiéramos, ya que uno de los antepasados, justo debajo de Amal (el llamado Padre de los Amelos), se llamaba Ostrogotha. Por supuesto, el nombre en sí podría haber sido una construcción contemporánea durante la época en que Casiodoro escribió su obra principal, el *Origo Gótica*, o la historia del pueblo gótico. Sea como fuere, no podemos decir con certeza si los primeros diez gobernantes de la dinastía de los Amelos existieron como figuras reales y no míticas. El primer gobernante ostrogodo del que tenemos algún tipo de confirmación de historicidad es Hermanarico. Según fuentes romanas, sobre todo la *Res Gestae* (en latín "Cosas hechas") del antiguo historiador Amiano Marcelino y Gética, una obra del historiador romano Jordanes que afirma ser el resumen de *Origo Gótica*, Hermanarico gobernó una amplia porción de tierra. conocido como Oium. Supuestamente, esta tierra era una sección de Escitia a la que los godos se habían mudado recientemente durante la época de los antepasados directos de Hermanarico. Los expertos no están de acuerdo sobre cuánto territorio tenía este reiks en su haber, pero están bastante seguros de que era una fuerza política prominente en la región.

Hermanarico gobernó las tierras góticas (según algunos historiadores, se extendían desde el mar Báltico hasta el mar Negro) hasta su muerte. Luego fue sucedido por su hermano Vitimiro, quien, según Marcelino. probablemente gobernó alrededor del año 375 o 376. Por otro lado, Jordanes afirma que el gobernante que tomó el poder después de Hermanarico era un rey diferente, Vitimiro.

Si tomamos la palabra de Marcelino, Vitimiro moriría en 376 luchando contra los hunos, por lo que su reino fue gobernado por dos jefes, Alateo y Sáfrax, que sirvieron como regentes del hijo pequeño de Vitimiro, Viderico. Ambos hombres probarían ser soldados capaces, y Alateo se distinguiría en la batalla de Adrianópolis en 378, donde eran aliados del cacique tervingio Fritigerno. No sabemos con certeza qué sucedió con Sáfrax, pero Alateo continuaría liderando campañas militares contra el Imperio romano, muriendo finalmente en la batalla en 386 cuando su ejército intentó invadir los territorios romanos al sur del Danubio.

Sin embargo, si tomamos la palabra de Jordanes, encontramos algunos gobernantes más como el ya mencionado Vitimiro (el llamado Conquistador de los Antes). Cada uno de estos gobernantes supuestamente dirigió a los godos durante el reinado de Atila el Huno (434-453), aunque hay otras fuentes que mencionan a otros gobernantes como cierto Viderico (o Vettericus), hijo de Berimundo y nieto de Turismundo. Turismundo supuestamente era el hijo de Hunimundo el Joven, quien a su vez era el hijo de Hermanarico. Esta sección del árbol genealógico de Amali es realmente complicada, y esta es solo una rama. Los supuestos descendientes de Hermanarico eventualmente tomarían posesión de las tierras ostrogodas a través del matrimonio, que cubriremos un poco más adelante. Por ahora, centrémonos en Vandalario. Según las primeras fuentes, tuvo tres "hijos": Videmiro, Teodomiro y Valamiro. En verdad, estos tres jefes eran simplemente cuñados. Valamiro sucedió a los reiks anteriores, comenzando como un vasallo leal de Atila el Huno y tomando completamente el control de las tierras góticas muchos años después de la muerte de Atila. Su reinado terminaría en 468 o 469. Tanto Viderico como Teodomiro gobernaron después de él, y el reinado de este último terminaría en 475. El hijo y heredero de Teodomiro Teodorico (Teodorico el Amalo) sería uno de los gobernantes más grandes de la historia ostrogoda (y la historia de los godos en general).

El reino Ostrogodo tiene sus raíces en los Balcanes. Sin embargo, en su apogeo entre 493 y 526, abarcaría toda Italia y Dalmacia, cubriendo partes de la actual Italia, Austria, Eslovenia, Croacia,

Bosnia y Herzegovina y Suiza. Además, en un momento, Teodorico fue el rey tanto de los ostrogodos como de los visigodos cimentando el reinado de la dinastía Amali sobre todos los Godos. Después de su muerte, el reino declinaría y caería debido a disputas dinásticas. Vería su fin cuando el emperador bizantino Justiniano I comenzara su conquista de los antiguos territorios romanos occidentales. Los arqueólogos e historiadores no están completamente de acuerdo acerca del año, pero generalmente se piensa que 553 fue el año en que tuvo lugar la batalla de Mons Lactarius (también conocida como batalla del Vesubio). Durante esta batalla, moriría el último de los reyes ostrogodos y los godos orientales perdieron su independencia para siempre.

Visigodos

Mientras los godos orientales luchaban contra los hunos, los godos occidentales se vieron obligados a huir. En el año 376, un gran contingente de godos abandonaría Dacia para evadir los ataques de los hunos y se establecería al sur del Danubio, aceptando el dominio romano. Sin embargo, sus relaciones con los romanos se deteriorarían rápidamente, que provocarían rebeliones y guerras masivas. El año 378, el de la batalla de Adrianópolis, resultaría decisivo para todas las tribus góticas, con una victoria indiscutible sobre Roma y el asesinato del emperador Valente; pero cuatro años más tarde las semillas de la división aparecerían entre las dos tribus góticas. El emperador Teodosio I estableció oficialmente a los antepasados de los visigodos en la provincia de Mesia, convirtiéndolos en los foederati del imperio. Su tarea era salvaguardar la frontera norte de las tribus invasoras. A cambio de su servicio, los godos recibieron tierras y títulos. Poco a poco, estas tribus, que alguna vez fueron paganas, comenzarían a convertirse a una nueva forma de monoteísmo, conocida como cristianismo arriano. Poco más de una década después, en el año 395, seguirían a Alarico al territorio de la actual Grecia. Para el año 401, Alarico ya había comenzado a atacar Italia, y un gran número de sus godos comenzaron a asentarse en la península. Alarico tiene el honor de ser reconocido por los historiadores como el primer gobernante visigodo y se lo conoce comúnmente como el fundador de la dinastía Baltinga, la casa real de los visigodos.

Alarico también fue el primer gobernante de la antigüedad tardía en saquear totalmente Roma en 410. Debido a sus hazañas, se convirtió en una gran amenaza para el imperio, y su muerte (que ocurrió el mismo año) apenas si se sintió como un alivio. En los siguientes dos o tres años, su sucesor, Ataúlfo, llevaría a los godos occidentales aún más al oeste, instalándolos en la Galia (la actual Francia) y los territorios de la actual España.

Durante este período, los visigodos tendrían una historia tumultuosa. Sus relaciones con Roma eran dudosas y cambiaban a menudo. Sin embargo, los monarcas que siguieron a Ataúlfo cimentaron el poder gótico en la península ibérica, así como su supremacía sobre el declinante Imperio romano. A Ataúlfo le sucedió un cacique llamado Sigerico, que solo gobernaría siete días. Le sucedió Walia, y a este el sobrino de Ataúlfo, Teodorico I. Teodorico sería el primer cacique que la historia reconocería como rey en lugar de como un simple reik. La historia de este monarca está llena de éxitos y expansiones militares, y su vida terminaría de la manera más gloriosa posible: fue el rey que derrotó a Atila el Huno en la batalla de los Campos Cataláunicos obligándolo a retirarse, una batalla donde el rey gótico perdería su vida en medio de la refriega.

Los hijos de Teodorico resultarían ser tan famosos como su padre, pero en ese momento una tradición infame de fratricidio marcaría a los Baltinga. Por ejemplo, el hijo mayor de Teodorico, Turismundo, lo sucedió en 451, pero ya en 453 fue depuesto y asesinado por su hermano menor Teodorico II. Teodorico gobernaría durante trece años, habiendo perdido y reclamado la región de Septimania (la actual Riviera Francesa que abarca la costa mediterránea francesa) en guerras con los romanos. Durante su derrota, los visigodos se retiraron hacia el oeste hasta la región de Aquitania (suroeste de

Francia). Este movimiento en particular de los godos resultaría importante debido a lo que iba a hacer Eurico, el hermano menor de Teodorico II. Es decir, Eurico mató a su hermano en 466 y asumió el trono visigodo, gobernando durante dieciocho largos años de prosperidad. Durante ese período, los visigodos invadieron y conquistaron la mayor parte de la península ibérica, con la ciudad de Toulouse como capital. En 475, Eurico se declararía oficialmente gobernante independiente, rompiendo los lazos con el Imperio romano.

El reinado de Eurico fue copioso en acontecimientos. Codificó las primeras leyes góticas, cuyos fragmentos sobreviven hasta nuestros días. Además, fue un cristiano arriano acérrimo, y bajo su dominio florecería la Iglesia. Lo sucedería su hijo Alarico II, quien codificó él mismo su propio código de derecho. Aliado del rey ostrogodo Teodorico el Grande, se casó con su hija Teodegonda o Teodegoda con quien tuvo un hijo llamado Amalarico, que gobernaría a los visigodos de 526 a 531. Pero Alarico también tuvo un hijo ilegítimo, Gesaleico, que fue elegido por el pueblo para gobernarlo después de la muerte de Alarico en 507 en la batalla de Vouillé contra el rey franco Clodoveo.

La muerte de Alarico fue el fin de facto del poder visigodo dirigido por Balti. Sin embargo, todavía mantenían el control de Septimania, con Narbona como su capital. Pero nunca reclamaron los vastos territorios que controlaban tanto Eurico como Alarico II. Con el paso de los siglos, los visigodos que vivían en los restos del reino de Eurico se convertirían del arrianismo al catolicismo. El reino comenzaría su rápido declive después de la batalla de Guadalete en 711, donde los cristianos góticos perdieron ante el Califato Musulmán Omeya dirigido por el comandante Táriq ibn Ziyad. Algunos reyes resistirían hasta 721 y la conquista de Narbona; después de eso, casi toda la península ibérica se sometería al dominio musulmán.

En su apogeo, el reino visigodo (también conocido como Reino de Toulouse o Reino de Toledo) se extendía desde el sur de España hasta el suroeste de Francia, excluyendo algunos territorios que pertenecían a lo que hoy es Portugal y partes del norte de España. Fue una verdadera potencia europea en ese momento, y su influencia aún resuena en la región. El reino también estableció a los visigodos como una fuerza política y religiosa, con sus gobernantes sobreviviendo a la caída del Imperio romano Occidental y al surgimiento de otros reinos bárbaros en el Mediterráneo.

Detalle del relieve del Sarcófago Ludovisi, Museo Nacional de Roma. La escena representa a romanos y godos en batalla [3]

---

[3] Imagen original subida por Jastrow el 8 de noviembre de 2006. Obtenida de https://commons.wikimedia.org/ en julio de 2019 bajo la siguiente licencia: *Dominio Público*. Este artículo es de dominio público y se puede usar, copiar y modificar sin restricciones.

Capítulo 3 - Gobernantes Ostrogodos y Visigodos

En realidad, el término "rey" no se aplica a un gobernante godo. Si bien entraremos en más detalles sobre esto cuando cubramos la jerarquía social de los godos, solo mencionaremos brevemente que el título "reiks" no es necesariamente el mismo que el de rey. Por supuesto, muchos gobernantes que se autodenominaron reiks también fueron reyes históricamente góticos. Entonces, para hacer las cosas un poco más fáciles, usaremos el título de "rey" indistintamente con el de "reiks" para todos los gobernantes a continuación.

Tanto las dinastías Amali como Balti produjeron estadistas de increíble habilidad y fervor. De hecho, es bastante asombroso que una tribu cuyos orígenes son, en el mejor de los casos, modestos haya podido alcanzar tal prominencia que podría eclipsar incluso a una potencia como el Imperio romano. Algunos de estos reyes también fueron participantes o testigos directos de algunos de los acontecimientos históricos más famosos de la Europa temprana. Como tales, definitivamente merecen una lectura detallada y complete.

Gobernantes Ostrogodos

Hermanarico

Aunque no es el progenitor de la dinastía Amali, Hermanarico es ciertamente un gobernante que dejaría su huella en el mundo antiguo. Supuestamente, estaba a cargo de un enorme territorio que ocupaba una gran parte de la actual Ucrania. Si vamos a creer en las fuentes antiguas, ese territorio se extendería desde el río Danubio en los Balcanes hasta el mar Báltico en el norte, así como entre los ríos Dniéster y Don.

Según Marcelino, Hermanarico se quitó la vida cuando los hunos comenzaron a invadir y saquear su reino. Otras fuentes mencionan conspiraciones para envenenar al gobernante gótico y otras formas potenciales que podrían haber terminado con su vida, pero la veracidad de estas afirmaciones tiene poco peso histórico.

Cuando se trata de Hermanarico, hay más leyendas que hechos escritos y transmitidos. Supuestamente conquistó muchas tribus diferentes como los Hérulos, los Vendos o Wendos y los Aesti, además de asegurar una alianza con los godos occidentales (aunque es mucho más probable que los obligara a someterse también) y expulsar a los vándalos de Dacia. Debido a sus muchos logros militares, se convertiría en un rey legendario en muchas culturas europeas diferentes. Los anglosajones y los escandinavos se encariñaron especialmente con el famoso gobernante Amali, que se mostró como un rey poderoso, pero despiadado. Cualquiera sea el caso, Hermanarico es el primer monarca Amali conocido históricamente entre los godos, pero definitivamente no sería el último.

Valamiro

Según la tradición, Valamiro gobernó a los ostrogodos después de un interregno de 40 años, es decir, un período sin gobernante. Supuestamente es el primer gobernante en tener dominio sobre una gran parte de los godos en los Balcanes después de su pariente Turismundo, el nieto de Hermanarico. Sin embargo, históricamente hablando (y si tomamos en cuenta todas las fuentes), es muy probable que los gobernantes que vinieron antes de Valamiro fueran vasallos de los hunos, que ahora eran una fuerza importante en Panonia y en su apogeo bajo el reinado de Atila. El padre de Valamiro era un gobernante llamado Vandalario, mientras que sus cuñados (y sus sucesores de corta vida) fueron Teodomiro y Videmiro.

Valamiro se convertiría en un poderoso guerrero mientras estuvo en vasallaje de Atila. En 447, atacaría las tierras debajo del Danubio junto a los hunos y se distinguiría como un fuerte aliado. En la batalla de los Campos Cataláunicos, fue uno de los muchos comandantes que dirigiera el ejército de Atila. Parecía que Valamiro continuaría con su servicio leal a los hunos, pero la muerte de Atila en el 453 cambió todo eso. Poco después de este suceso, Valamiro comenzó a solidificar abiertamente su posición como gobernante después de que el emperador Marciano asentara a los godos en Panonia. Valamiro se rebeló contra los hijos de Atila y los derrotó repetidamente en una serie de batallas. Entre los años 456 y 457, finalmente los aplastaría y ganaría la independencia de los godos.

Pero desde que llegara al gobierno como monarca independiente Valamiro estaba teniendo problemas tanto externos como internos. Estos problemas aparecerían personificados en un colaborador de los Amelos de los romanos orientales, Teodorico Estrabón. Estrabón es un término romano para las personas bizcas, por lo que su nombre se podría traducir como "Teodorico El Estrábico". Estrabón estaba en buenos términos con los romanos y su emperador, León I, y recibiría grandes tributos como recompensa por su servicio. Por otro lado, los godos de Valamiro, no recibirían su parte en 459. Esto provocaría una serie de ataques a la provincia conocida como Ilírico, y estos ataques no terminarían hasta tres años después. El emperador Leo acordaría pagar a los hombres de Valamiro 300 libras de oro anualmente para mantener las buenas relaciones con los godos.

En 469, la tensión entre los ostrogodos y muchas tribus germánicas menores estaba creciendo. Esta coalición de tribus estaba dirigida por el cacique Suevo Hunimundo, los jefes Esciro Unulfo y Edeco, y un cierto Alarico, y las tribus con las que tenían problemas eran los suevos, los esciros, los sármatas, los rugianos, los gépidos y posiblemente los hérulos. Por supuesto, el Imperio romano apoyaría oficialmente a la coalición anti godos, con la esperanza de aplastar a los godos y ganar una gran franja de territorio. Teodomiro, el cuñado de Valamiro, era el comandante en jefe de los godos. Los dos bandos se enfrentarían en la batalla de Bolia, y aunque es posible que no sepamos el número exacto de bajas, las consecuencias históricas de esta guerra nos dicen lo suficiente. Es decir, los godos aplastaron la coalición de tribus y prácticamente acabaron con los esciros para siempre. Sin embargo, durante esta guerra hubo una víctima importante: los reiks. Valamiro se cayó del caballo durante una incursión de los esciros un poco antes de la batalla. Posteriormente fue asesinado, lo que le permitiría a Teodomiro tomar el control de la tierra.

Teodorico el Grande

Moneda representando a Teodorico el Grande, Palazzo Massimo, Roma [4]

Existe cierto debate cuando se trata de la cuestión del gobernante Godo más famoso de toda la historia. Incluso podría decirse que la verdadera historia de los ostrogodos comienza con el hijo de Teodomiro, con un hombre que llegaría a elevar a los godos de una tribu bárbara inconexa a una fuerza política importante en toda Europa.

Teodomiro nació, casi proféticamente, en 454, el mismo año después de la muerte de Atila. A la edad de siete años, fue enviado a Constantinopla como rehén del emperador León I; para que el

---

[4] Imagen original cargada por Bravkov1990 el 22 de julio de 2012. Obtenida de https://commons.wikimedia.org/ en julio de 2019 bajo la siguiente licencia: *Creative Commons Atribución-CompartirIgual 3.0 No portada*. Esta licencia permite que otros mezclen, modifiquen y construyan sobre su trabajo incluso por razones comerciales, siempre que le otorguen crédito y licencien sus nuevas creaciones bajo los mismos términos.

emperador pudiera asegurarse de que el padre del niño, el mencionado Teodomiro, honraría su parte del tratado. Sin embargo, esta situación resultaría ser beneficiosa para el joven godo. Obtendría una educación de los mejores maestros que el Gran Palacio de Constantinopla tenía para ofrecer. Como tal, aprendería y hablaría tanto griego como latín, aunque no podemos decir con qué fluidez los hablaba. El emperador León admiraba al joven, al igual que su sucesor, el emperador Zenón.

Después de 471, Teodorico ya no era rehén de los romanos. Ocho años más tarde, asentaría a los godos en Epiro con la ayuda de su primo, el hábil guerrero, Segismundo o Sigismundo. Vale la pena señalar que Segismundo estaba al servicio de Valamiro, el tío político de Teodorico, lo que lo convertiría en un comandante con una notable experiencia en combates. Vale la pena señalar que Segismundo estaba al servicio de Valamiro, el tío político de Teodorico, lo que lo convertiría en un comandante con una notable experiencia en combates.

En el año 483, el joven Teodorico se convertiría en el "Amo de Soldados" romano. Al año siguiente, fue elegido cónsul durante una fastuosa ceremonia que presidió el emperador Zenón. Pero Teodorico eventualmente regresaría a su pueblo en 485, y efectivamente, tres años después, se convertiría en el rey de los ostrogodos

Teodorico merecería su primera nota histórica significativa durante los primeros días de su reinado sobre los godos orientales. Habían pasado doce años desde que el Imperio romano Occidental cayera ante Odoacro y sus tropas. El despiadado reinado del rey germánico dejaría a los antiguos romanos en Italia prácticamente sin ningún derecho humano. Además, a menudo perseguía las tierras bizantinas cerca de las fronteras de su nuevo reino. Zenón, queriendo calmar a los ahora inquietos godos y deshacerse de Odoacro, propuso que Teodorico invadiera Italia, un esfuerzo que aceptaría con gusto.

Al principio, Teodorico ganó algunas batallas menores, como las de Isonzo y Verona en 489. La batalla de Faenza o batalla de Castel Bolognese fue su primera derrota significativa contra el rey italiano, pero rápidamente se recuperaría en el año 490 en la batalla del río Adda. Durante los siguientes tres años, Teodorico sitiaría Rávena, que en ese momento era la capital de la Italia de Odoacro. Ambos monarcas acordaron un tratado de paz que culminaría con un banquete el 15 de marzo del 493. Durante ese banquete, Teodorico realizó una hazaña que lo llevaría a figurar en los libros de historia. Propuso un brindis por Odoacro, pero luego saltó hacia el rey derrotado y lo golpeó en la clavícula con su espada. Con esta acción, Teodorico se convertiría en el hombre que derrotó al destructor del Imperio romano Occidental. Italia ahora pertenecía a los Amalos.

El reinado de Teodorico en Italia fue un soplo de aire fresco para los residentes. Los romanos conservarían sus derechos y el rey godo mantuvo buenas relaciones con el emperador bizantino. Los romanos vivían bajo sus propias leyes y costumbres, mientras que los godos, ahora la clase dominante, vivían bajo las suyas. Incluso a otros grupos religiosos menores se les permitió practicar su fe. En el año 519, una turba enfurecida quemó las sinagogas de Ravena. Sin embargo, Teodorico ordenó a la gente de la ciudad que pagara por la reconstrucción y restauración completa de estos lugares sagrados para los judíos.

Desde el principio, Teodorico se dio cuenta de la importancia de los aliados, por lo que comenzó a formalizar relaciones con diferentes reyes tribales a través del matrimonio. Él mismo se casó con Audofleda, la hermana del gobernante franco Clodoveo I. Su propia hermana Amalafrida se casó con un rey vándalo incompetente llamado Trasamundo, con quien tuvo dos hijos que ya conocemos. Sin embargo, los matrimonios de las hijas de Teodorico serían mucho más intrigantes e importantes para los godos. Teodegonda, o Teodegoda, su hija mayor, se casó con el rey visigodo Alarico II, con quien tuvo un hijo, Amalarico. Con ese movimiento, Teodorico estaba gobernando esencialmente sobre los visigodos por poder, ya que era el regente de su hijo pequeño después de que Alarico fuera asesinado en una batalla en 507. Su segunda hija, Ostrogotha, se casó con Segismundo, en ese momento rey de los borgoñones. Segismundo eventualmente ordenaría a sus hombres que mataran a su hijo Sigerico en 522, cerrando el posible reclamo a la dinastía Amala al trono de Borgoña. La segunda esposa de Segismundo, según el historiador medieval galorromano Gregorio de Tours, supuestamente le pidió que se ocupara de Sigerico porque estaba conspirando contra el trono de Borgoña y que incluso tenía la ambición de heredar el trono de Teodorico en Italia.

Y el matrimonio de su hija menor, Amalasunta, resultaría ser el menos fructífero en cuanto a establecer una dinastía a largo plazo. Amalasunta se casó con un noble ostrogodo que en ese momento vivía en Iberia. Ese hombre se llamaba Eutarico y al menos según la tradición, era pariente lejano de Hermanarico, lo que técnicamente lo convertía en un noble de los Amalos y en la persona adecuada para heredar el trono de Teodorico. Sin embargo, Eutarico moriría en 522 o 523 mientras Teodorico aún estaba vivo.

Si bien en ese momento, su reino estaba en desorden, Teodorico no era de los que se rendían. Cuando su nieto Sigerico fuera asesinado, el rey de los ostrogodos invadió las tierras de Borgoña y en 523 anexó las partes del sur del reino bárbaro. El mismo Segismundo estaba prisionero, y su hermano, Gundemaro, gobernaba sobre lo que quedaba del Territorio de Borgoña. Con esta campaña, el reino de Teodorico estaba en su apogeo territorial. Lamentablemente, al año siguiente, el rey vándalo Hilderico capturaría a la hermana de Teodorico, Amalafrida, matando a sus guardias góticos. Desde ese momento hasta el final de su vida en 526, Teodorico estaría planeando una expedición para liberarla.

Teodorico era conocido por su destreza militar, su agudo sentido de la política y por su actitud justa hacia los diferentes grupos étnicos que vivían dentro de las fronteras de su reino. Sin embargo, también fue un constructor de renombre, así como un renovador de antiguos sitios arquitectónicos romanos. Rávena vería la mayoría de sus esfuerzos de reconstrucción, donde reconstruyó un antiguo acueducto que proporciona agua dulce a la ciudad. Rávena también fue el hogar de su ahora famoso Palacio de Teodorico, que contenía una pequeña iglesia y una estatua ecuestre del rey. Además, haría construir la Hagia Anastasis (Santa Resurrección), una catedral arriana, así como otras tres iglesias. Ravena también alberga su mausoleo, una rara hazaña arquitectónica de su época.

Roma también era una ciudad que al rey le encantaba reconstruir y "repoblar" con nuevos edificios. Reconstruiría las murallas de la ciudad, el granero, el sistema de alcantarillado, los acueductos, la Curia del Senado y el Teatro de Pompeyo. El Senado mismo le regalaría a Teodorico una estatua dorada de sí mismo como agradecimiento por su obra en las paredes. Posiblemente su mayor emprendimiento en la ciudad sería la reconstrucción del Palacio de Domiciano en el Monte Palatino. Sus esfuerzos en estos campos eran tan conocidos que incluso la gente en Siria cantaba alabanzas al rey godo.

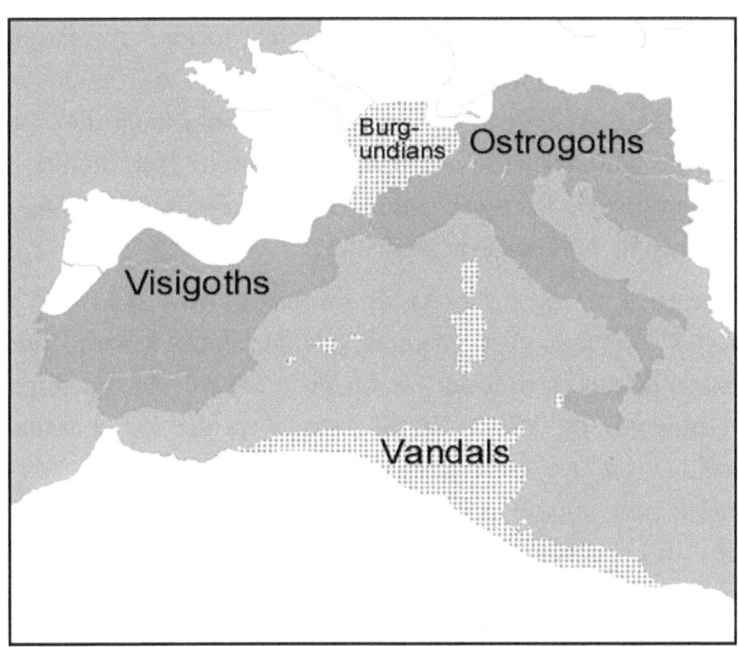

El reino de Teodorico en su apogeo, c. 523. El territorio rosa sólido está gobernado directamente por Teodorico, mientras que los territorios en gradiente representan los de sus vasallos[5]

Amalasunta

Amalasunta es un extraño agregado a esta lista, pero fue increíblemente influyente en los eventos que seguirían a la muerte de su padre y la disolución de la Italia Ostrogoda. Durante el reinado de Teodorico, estuvo casada con Eutarico, un noble de los Amalos de la rama de Hermanarico. El matrimonio se llevó a cabo especialmente porque Teodorico quería un heredero con un linaje real gótico puro, para lo cual Eutarico era la elección perfecta. Sin embargo, el propio Eutarico moriría durante el reinado de Teodorico, por lo que no pudo suceder al gran monarca ostrogodo.

---

[5] Imagen original cargada por Vortimer el 27 de diciembre de 2007. Obtenido de https://commons.wikimedia.org/ en julio de 2019 bajo la siguiente licencia *Creative Commons Atribución-CompartirIgual 3.0 No portada*. Esta licencia permite que otros mezclen, modifiquen y construyan sobre su trabajo incluso por razones comerciales, siempre que le otorguen crédito y licencian sus nuevas creaciones bajo los mismos términos.

Con su esposo y su padre desaparecidos, Amalasunta se convertiría en los hechos en la gobernante de los ostrogodos en 526, ya que su hijo, Atanarico, en ese momento solo tenía diez años. La reina gótica también tenía una hija, Matasunta o Matasuenda, que se casaría con uno de los reyes góticos posteriores aproximadamente un año después de la muerte de su madre.

Atalarico fue un rey solo de nombre. Más del 90% de las decisiones políticas provenían de Amalasunta, y casi todos los decretos o documentos legales se hicieron a través de su compromiso y casi ninguno de los de él. Si bien al principio, el reinado de Amalasunta fue en gran parte pacífico, los nobles góticos no la aceptarían muy amablemente, principalmente porque tenía valores y virtudes romanas profundamente arraigadas y buscaba transmitirlos al joven heredero. Los nobles querían educar al joven rey en sus propios valores, lo que provocaría una ruptura entre la reina y la nobleza. El propio Atalarico se sentía atraído por la bebida y otros excesos que lo hacían físicamente débil e incompetente. Moriría el 2 de octubre de 534, a los dieciocho años. Amalasunta seguiría siendo la reina durante un año más, cogobernando Italia con su primo Teodato.

La reina gótica fue una mujer modelo en su época. Hablaba con fluidez griego, latín y gótico, y también tenía amplios conocimientos en filosofía y política. Con sus afinidades con todo lo romano, no es de extrañar que estuviera en contacto diplomático frecuente con el emperador bizantino Justiniano I, conocido como el gobernante más grande que jamás haya tenido la corte de Constantinopla. Justiniano y Amalasunta mantuvieron buenas relaciones durante su reinado, tanto que quiso trasladarse a Constantinopla con una gran parte del tesoro gótico.

Pero no todas las decisiones de Amalasunta serían acertadas. Su cogobierno con Teodato, por ejemplo, fue un movimiento que se veía bien en la superficie. Como primogénito de Amalafrida y sobrino de Teodorico el Grande, Teodato era respetado por la nobleza gótica, por lo que su corregencia de Rávena con su prima convertiría a los detractores de Amalasunta en aliados. Sin embargo, Teodato se había alineado con los nobles góticos porque Amalasunta fue encarcelada en 535 y llevada a la isla de Martana, una masa continental en el lago de Bolsena. Fue asesinada allí el mismo año, dejando a Teodato como único gobernante de Rávena. Los historiadores no están de acuerdo con la participación de Teodato en el asesinato de Amalasunta; algunos dicen que él fue el responsable, mientras que otros afirman que solo pudo estar involucrado en la medida de ordenar su encarcelamiento.

Su muerte fue el suceso que iniciaría la guerra gótica, que duraría hasta el 554 cuando Italia fue aplastada por los bizantinos. Las ambiciones de Justiniano de devolver a Roma su antigua gloria se estaban materializando lentamente, y el catalizador sería la muerte de la reina gótica a manos de su propio pueblo.

Xilografía de Amalasunta, Crónica de Nuremberg, 1493[6]

---

[6] Imagen original cargada por Hartmann Schedel el 21 de julio de 2008. Obtenido de https://commons.wikimedia.org/ en julio de 2019 bajo la siguiente licencia: *Dominio público*. Este artículo es de dominio público y se puede usar, copiar y modificar sin restricciones.

Teodato

Teodato gobernaría en Rávena durante un período muy corto, entre 534 y 536. Al momento su ascenso al trono ya era un anciano que prefería la poesía y la filosofía neoplatónica por sobre las cuestiones de guerra. Si bien estaba lejos de ser el primer gobernante en tener esta disposición, estaba gobernando el reino durante su notable caída. Los bizantinos no estaban contentos con la muerte de Amalasunta, un asunto con el que Teodato pudo no haber tenido nada que ver. Sin embargo, las tropas de Justiniano, encabezadas por su famoso general Belisario, comenzaron a invadir Italia rápidamente, y fue la exitosa invasión de Nápoles por parte del general lo que sellaría el destino del rey godo, considerando que no había enviado ninguna ayuda a los nativos de esta ciudad. Con el malestar civil y la amenaza de Justiniano literalmente a su puerta, los godos querían que Teodato se fuera. Un noble ostrogodo, Vitiges, fue declarado nuevo rey de Rávena. Su matrimonio con la hija de Amalasunta, Matasunta, consolidaría su derecho al trono. Su primer acto después del matrimonio fue deponer y matar a Teodato, para alegría tanto de la nobleza gótica local como del pueblo.

Es un poco triste ver cuán intrascendente había sido el reinado de Teodato. Si miramos a los gobernantes que siguieron, nos damos cuenta de que Teodato fue el último rey de los Amalos en gobernar al pueblo ostrogodo. Una poderosa dinastía que había aplastado a numerosas tribus y reinos y se había alzado para ocupar una vasta área del suroeste de Europa durante un tiempo terminó con un anciano monarca que gobernaría durante no más de dos años.

Reyes Ostrogodos Posteriores a los Amalos

Con Teodato depuesto y asesinado, el reinado sobre lo que quedaba de Italia fue para Vitiges, el primer gobernante no Amalo que se sentara en el trono de Rávena. Simplemente sería el primero de cinco reyes en gobernar sobre un reino debilitado durante la conquista de Justiniano, conocida colectivamente como la guerra gótica, que duraría de 535 a 554.

Durante sus primeras etapas, Vitiges ya estaba casado con Matasunta, lo cual le daba al menos un vínculo, aunque débil, con la dinastía de los Amalos. Sin embargo, inmediatamente se encontraría con un gigantesco problema entre manos, que era el sitio de Roma por los bizantinos. De 537 a 538, los dos ejércitos se enfrentarían por el control de la ciudad un esfuerzo que terminaría con la victoria de Justiniano y la retirada de Vitiges. Una gran parte del ejército bizantino estaba formado por hunos y eslavos, dos tribus que históricamente se habían enfrentado frecuentemente con los godos, mientras que el Imperio romano era, al menos nominalmente, un único reino. Pero no fue solo la mano de obra lo que derrotara a Vitiges. Las tropas de Justiniano estaban mejor entrenadas que sus oponentes ostrogodos, y Belisario era un comandante militar experimentado que ya había ganado una serie de diferentes batallas.

Al perder Roma, Vitiges comenzaría su retirada a Arminium (la actual Rímini, Italia), pero Belisario también tomó esta ciudad, no a través de una batalla, sino por intimidación. Cuando a su ejército se unieron 2.000 abanderados de los Hérulos liderados por un eunuco armenio llamado Narsés, el general bizantino dividió sus tropas en tres guarniciones separadas, todas las cuales comenzaron a rodear la ciudad. Vitiges no tuvo otra opción que huir. El mismo año vería la caída de ciudades como Emilia y Urbino.

Las primeras victorias de los godos se produjeron entre 538 y 539 cuando los bizantinos intentaron sin éxito tomar Mediolanum (el actual Milán). Este esfuerzo supuso la destitución de Narsés del puesto de comandante y le dio a Belisario el control total sobre los ejércitos. Otra derrota algo interesante llegó tanto para los bizantinos como para los godos cuando una gran multitud de francos descendería de los Alpes y atacaría a los dos ejércitos. Salieron victoriosos, pero un brote de disentería dividió a la mitad sus filas y los obligó a retirarse. Este suceso dio a ambos ejércitos algo de tiempo para recuperarse y elaborar nuevos planes de batalla.

Rávena fue el destino final de los bizantinos y el último lugar de refugio de Vitiges. Durante la guerra, trataría de encontrar aliados en diferentes gobernantes, llegando incluso a contactarse con los persas y pedirles que atacaran la frontera oriental de Bizancio. Lamentablemente, hasta el momento, todos sus esfuerzos, habían fracasado, y Vitiges fue destituido. La corte de Justiniano ofreció condiciones para que el imperio mantuviera partes de Italia al sur del río Po y el resto quedara bajo los godos. Si bien tanto la nobleza ostrogoda como los generales bizantinos aceptaron estos términos, Belisario no lo aceptó. Sin embargo, cuando estuvo en Rávena, le ofrecieron el título de emperador occidental, que aceptó falsamente. Vitiges fue nombrado patricio, pero eso no impediría que Belisario lo llevara junto con Matasunta como rehenes a Constantinopla a finales de 540. Vitiges murió sin hijos en 542, mientras que Matasunta se casó con un patricio bizantino llamado Germano, que era primo del emperador Justiniano. Los dos tuvieron un solo hijo, también llamado Germano, que nació en 551.

Había que llenar el lugar vacante del rey de los ostrogodos. Muchos nobles góticos querían ver a Uraias o Uraïas, que estaba estacionado en la ciudad de Ticinum (actual Pavía), sucediendo a Vitiges. Esto tenía sentido, ya que Uraias era tanto el mayor comandante militar del ejército ostrogodo como el sobrino del rey anterior. Pero Uraias rechazó el trono a favor de Hildibaldo, que controlaba Verona. Hildibaldo mismo era visigodo, sobrino del primer rey visigodo que no pertenecía a la dinastía de los Baltingos, Teudis. Ambos controlaban las únicas motas de tierra gótica libre, pero Hildibaldo, al ascender al trono, expandiría rápidamente su alcance a Venecia y Liguria. Una de sus victorias más conocidas fue la batalla de Treviso, donde aplastó al comandante militar romano local Vitalius. Para colmo de males, Vitalius también fue ayudado por un gran contingente de Hérulo, cuyo líder murió en combate. La autoridad de Hildibaldo sobre el valle del río Po crecía con cada victoria, y su sobrino, Totila, se convirtió en el comandante militar de Treviso.

El año siguiente, 541, vería a Hildibaldo asesinando a Uraias bajo la sospecha de que el clan de su tío estaba conspirando para expulsarlo del poder. Más tarde ese año, el mismo Hildibaldo fue asesinado en un banquete. Como no había heredero adecuado, Erarico fue elegido sucesor del ahora difunto noble visigodo. Erarico era un rugiano, y su tribu era una de las muchas aliadas que tenían los ostrogodos posteriores a los Amalos. Sin embargo, estaba lejos de ser la mejor elección de monarca para suceder a Hildibaldo. Es decir, había estado planeando en secreto entregar el reino a los bizantinos, un complot que sería frustrado por los godos. Totila, sobrino del difunto Hildibaldo, competiría por el poder en Rávena y exigiría la muerte de Erarico, una exigencia que vería cumplida ese mismo año. Con Totila a la cabeza, los ostrogodos verían diez años de relativa estabilidad y resurgimiento.

Las condiciones de Totila como comandante se mostrarían desde el principio cuando comenzó a hacer retroceder al ejército bizantino. Poco después, tomaría el control del sur de la península italiana, preparándose para asedios más grandes y severos. Uno de esos asedios fue el de la ciudad de Nápoles en 543, que terminaría cuando la ciudad abrió sus puertas al rey debido al hambre. Totila continuaría liderando dos asedios diferentes de Roma. El primero en 546 sería exitoso gracias a la táctica de inanición de los habitantes, aunque la ciudad se mantendría firme y rápidamente reconstruiría sus murallas. Durante el segundo asedio, en ausencia de Totila, los ostrogodos fueron derrotados por Belisario, pero el éxito duraría poco, ya que el general bizantino fue llamado a Roma. Durante el tercer asedio en 549-550, la ciudad abrió sus puertas a Totila, esta vez gracias a unos pocos romanos hambrientos que desertaron pasándose al bando del rey ostrogodo.

A continuación, Totila conquistó Sicilia, Cerdeña y Córcega, tras lo cual centraría su atención en Grecia. Bajo las órdenes de Justiniano, el general Narsés avanzó contra los godos y los dos ejércitos se enfrentaron en la batalla de Tagina en 552. Totila murió en combate y su muerte fue el último clavo en el ataúd del reino ostrogodo.

El último rey conocido de los ostrogodos fue el pariente lejano de Totila y comandante del ejército, Teya. Teya gobernaría solo durante medio año, y su gobierno estuvo marcado por difíciles batallas, retiradas y escaramuzas. Su capital era Pavía, pero su fin llegaría cerca de la actual Nápoles durante la ahora famosa batalla de Mons Lactarius (también conocida como batalla del Vesubio). El general Narsés aplastó a las fuerzas góticas y Teya murió en combate, al igual que su predecesor. La mayoría de los generales góticos también murieron en combate, y los que sobrevivieron buscaron un armisticio. Un año después, en el 554, todas las tierras góticas fueron subyugadas y el pueblo comenzaría a asimilarse con los italianos locales.

Gobernantes Visigodos

Alarico I

Aunque meramente un reik, Alarico I había demostrado ser un gobernante capaz mucho antes de que se estableciera el Reino de Toulouse. Posiblemente su mayor logro fue el saqueo de Roma en 410. Era la primera vez que un invasor extranjero capturaba la ciudad en aproximadamente 800 años. Sin embargo, el saqueo en sí no fue tan devastador como muchos otros asedios que vinieron antes o después. Los ejércitos góticos simplemente quemaron algunos edificios y los saquearon para obtener riquezas. Los propios ciudadanos romanos se salvaron de cualquier acto inhumano. Además, las basílicas de San Pedro y San Pablo fueron nominadas como lugares sagrados que no debían ser perturbados (salvo de saqueos).

Lamentablemente, Alarico moriría el mismo año en que saqueara Roma. Mientras estaba en Calabria, en el sur de Italia, Alarico quería invadir África. Sin embargo, la mayoría de sus barcos sufrieron daños durante una tormenta mientras navegaba hacia el sur con sus tropas. El propio reik murió en Cosenza, probablemente de fiebre.

El nombre de Alarico se volvió legendario, tanto que algunos gobernantes fueron nombrados en su honor o llevaban un nombre que era una variante.

Ataúlfo

Ataúlfo era cuñado de Alarico y fue elegido por unanimidad como reiks inmediatamente después de su muerte. El reinado de Ataúlfo se vio envuelto en controversias, intrigas políticas y complicadas relaciones de emperadores y pretendientes al trono romano. Sin embargo, fue el primer gobernante visigodo en asegurar la autonomía territorial y el prestigio político de las tribus góticas.

Ataúlfo y el emperador contemporáneo de Roma, llamado Honorio, tenían una relación complicada. Al principio, Ataúlfo apoyaría con frecuencia a los pretendientes al trono de Honorio, como Prisco Atalo, un hombre a quien Alarico había nombrado emperador en Roma para rivalizar con el gobierno de Honorio en Rávena. Además, el gobernante visigodo tenía un rehén importante, la media hermana del emperador, Gala Placidia, que podría haberle asegurado el oro y la autonomía territorial sobre Rávena. Durante su viaje a la Galia, donde habría unido fuerzas con el usurpador local Jovino, Ataúlfo se encontró con Saro, el comandante gótico de Honorio. Este sería un encuentro importante, ya que Saro y Alarico habían tenido una rivalidad de larga data, que Ataúlfo profundizaría asesinando a Saro. Una vez más, Honorio tenía una razón adicional para ir a la guerra contra el líder visigodo. Pero luego las cosas dieron un giro inesperado. Jovino nombraría a su propio hermano Sebastiano como co-emperador, una acción que Ataúlfo no aprobaría ni reconocería. Enfurecido, Ataúlfo se alió con el emperador en Rávena y aplastó a los dos usurpadores, primero capturando a

Sebastiano en batalla y luego capturando a Jovino en el sitio de Valentia (Valencia) en 413.

Al año siguiente, Ataúlfo tomaría a Gala Placidia en matrimonio. Este movimiento cimentaría la relación entre el Imperio romano Occidental y el pueblo visigodo de Ataúlfo. Placidia dio a luz a su hijo, Teodosio, pero el niño murió en la infancia apenas un año después.

Durante 415, el último año de su vida, Ataúlfo ya había estado gobernando Narbona y Toulouse, las que había tomado en 413. Sus relaciones con el Imperio romano se deteriorarían gracias al general de Honorio, Constancio, un hombre que más tarde sería coronado emperador como Constancio. III. Ataúlfo y Galla Placidia viajaron hacia el oeste, y mientras estaban en Barcelona, los reiks visigodos decidieron tomar a uno de los hombres de Saro a su servicio. El mismo hombre lo mataría en su baño, lo que provocaría el ascenso al trono del hermano de Saro, Sigerico. Pero Sigerico "gobernaría" solo siete días, ya que muy pronto sería asesinado y reemplazado por un gobernante que no era de la dinastía Baltinga, Walia. Durante su reinado, Gala Placidia regresó a Rávena en 417 y se casó con Constancio III, el mismo general que tuvo una gran pelea con los visigodos.

Teodorico I

Walia gobernaría durante sólo tres años, tras lo cual fue sucedido por Teodorico I. Aunque era hijo ilegítimo de Alarico, fue elegido monarca del pueblo visigodo. Es interesante notar que un hijo ilegítimo se convertiría en uno de los gobernantes más gloriosos de su tiempo. La famosa batalla de los Campos Cataláunicos, donde sus esfuerzos ayudaron a aplastar a Atila el Huno y marcaría el final de la supremacía huna sobre los Balcanes, fue simplemente uno de sus muchos logros. Durante su reinado, expandió su reino a la costa mediterránea, tomando Narbona. También se alió tanto con los vándalos como con los suevos por medio del matrimonio; dos de sus hijas se casaron con Hunerico o Unerico rey de los vándalos y

Requiario rey de los suevos. Sin embargo, Hunerico tendría más tarde ambiciones diferentes que excluía a los visigodos, lo que hizo que mutilaran a su esposa y la enviaran a Teodorico. A partir de ese momento, Teodorico vería a los vándalos como enemigos.

El valor de Teodorico contra Atila fue y sigue siendo histórico. Sin embargo, va más allá de morir en batalla. Es decir, para luchar contra los hunos, Teodorico y sus hijos hicieron una alianza con un famoso general romano llamado Flavio Aecio. Aecio y Teodorico habían sido rivales acérrimos durante todo su reinado, pero el gobernante de Toulouse reconoció el peligro que representaba Atila para la Europa contemporánea, por lo que dejaría de lado sus diferencias con el comandante romano y marcharía contra los hunos. Esta determinación y prudencia ante la batalla consolidaría a Teodorico como una de las figuras históricas más queridas de la antigüedad tardía.

Eurico

Estatua de Eurico en la Plaza de Oriente, Madrid, España[7]

A Teodorico I le sucedería su hijo Turismundo, a quien a su vez le sucedería Teodorico II, a quien a su vez le sucedió posiblemente el más grande monarca visigodo y el primer rey de los godos occidentales, Eurico. Sin embargo, estos ascensos al trono fueron bastante sombríos. Es decir, el hijo mayor, Turismundo, fue asesinado por Teodorico II en 453, un acto que el mismo Eurico continuó matando a su hermano mayor en 466. Continuaría gobernando el reino visigodo unificado durante dieciocho largos años.

Las ambiciones de Eurico comenzaron aproximadamente al mismo tiempo que el Imperio romano Occidental estaba a punto de colapsar. En el momento de su reinado, Toulouse era la capital de los visigodos, pero los visigodos mismos todavía estaban desunidos, con algunas facciones siguiendo a diferentes jefes. Uno por uno, los derrotaría y tomaría su tierra como suya. Pero su verdadera destreza

---

[7] Imagen original cargada por Zaqarbal el 21 de abril de 2006. Obtenido de https://commons.wikimedia.org/ en julio de 2019 bajo la siguiente licencia: *Creative Commons Atribución-CompartirIgual 3.0* No portada. Esta licencia permite que otros mezclen, modifiquen y construyan sobre su trabajo incluso por razones comerciales, siempre que le otorguen crédito y licencian sus nuevas creaciones bajo los mismos términos.

militar se mostraría cuando tuvo que lidiar con guerras fuera de su reino. Durante la batalla de Déols en 469, derrotó a Riotamo (o Riotimo), el rey de los británicos, y reclamó una gran parte de su territorio, que podría haber llegado hasta el río Somme. Dos años más tarde, en 471, Eurico ganaría una batalla importante en Arles donde mató, entre varios funcionarios romanos, al hijo del emperador Antemio, Antemiolo. También fue durante ese año que Eurico emitió el primer código de derecho germánico, el llamado *Codex Euricianus*.

Era bastante popular entre su pueblo, e incluso una parte importante de los romanos ibéricos y galos también lo veían como un gobernante apto. Ambicioso como siempre, Eurico exigiría en 475 que el actual emperador romano, Julio Nepote, reconociera la soberanía territorial visigoda y a Eurico como su gobernante independiente. Si bien cada reiks visigodo que llegara antes de Eurico sería solo nominalmente un vasallo romano, el vasallaje seguía siendo válido. Eurico haría historia en 475 al convertirse en el primer rey visigodo independiente y comenzar su propia dinastía, la de los Balti. En ese mismo año, así como en 476, puso sitio a la ciudad de Clermont-Ferrand.

Hasta su muerte en 484, Eurico había gobernado casi toda la península ibérica, así como un tercio de lo que hoy es Francia. Además de ser un habilidoso luchador, también fue un hombre increíblemente culto con una gran conocimiento y sabiduría. No es de extrañar que muchos de los romanos que vivían en Iberia reconocieran voluntariamente su realeza y por qué incluso los sacerdotes lo veían como un rey modelo.

- *Reino visigodo en su apogeo bajo Eurico, c. 500. Todo lo que está en naranja es visigodo, naranja claro es el territorio perdido tras la muerte de Alarico*[8]

---

[8] Imagen original cargada por Zmiley el 10 de octubre de 2009. Obtenido de https://commons.wikimedia.org/ en julio de 2019 bajo la siguiente licencia: *Dominio Público*. Este artículo es de dominio público y se puede usar, copiar y modificar sin restricciones.

Alarico II

En contraste con su padre, Alarico II es visto históricamente como un gobernante débil e incompetente en comparación con Eurico. Sin embargo, tuvo su parte justa de éxitos políticos y militares. Por ejemplo, asistiría a Teodorico el Grande en su campaña contra Odoacro en Italia, ayudando a Teodorico cuando había sido atrapado por Odoacro en Pavía en 490. Posiblemente su mayor contribución a los visigodos en cuanto a batallas fue la captura de la ciudad de Dertosa (nombre de una ciudad de la Hispania romana que corresponde a la actual ciudad de Tortosa) en 506.

En cuanto a contribuciones en el sentido legal, Alarico II nombraría una comisión que redactaría un resumen que contenía leyes y decretos imperiales romanos. Los súbditos romanos que vivían bajo Alarico debían seguir estos conjuntos de leyes. Se les conoce comúnmente como Breviario de Alarico o *Breviarium Alaricianum*.

La muerte de Alarico se produciría en 507 en la infausta batalla de Vouillé. Años antes de la batalla, Alarico sentía que el rey franco Clodoveo era su rival y, de hecho, se sentía intimidado por él. Los dos ya habían firmado un tratado en 502, y Clodoveo estaba en buenos términos con Teodorico el Grande, pero eso no le impediría trasladar sus tropas a tierras visigodas. Alarico conoció a Clodoveo en el campo de batalla y, como afirman las fuentes contemporáneas, perdió la vida ante el mismo rey franco.

Después de su muerte, el reino de Alarico perdería una buena parte de sus tierras, la mayoría a manos de los invasores francos. Sin embargo, el peor golpe para el reino fue la incompetencia de sus herederos y la disolución del gobierno de los Baltos por el Reino de Toulouse.

Amalarico

Amalarico era el hijo legítimo de Alarico II y la hija de Teodorico, Teodegonda, lo que lo convertía en un Balto y Amalo por sangre. Sin embargo, no era el primer hijo del rey visigodo. El hijo mayor era el ilegítimo Gesaleico, quien fue votado para suceder al trono porque en ese momento Amalarico era solo un bebé. No obstante, Gesaleico sería un gobernante incompetente, derrocado en 511 cuando su capital, Narbona, fuera saqueada por el rey borgoñón Gundebaldo. Teodorico tomó el control del reino, actuando como regente de su nieto hasta que alcanzara la mayoría de edad. Gesaleico sería asesinado en algún momento del 513.

Amalarico eventualmente crecería y asumiría el trono visigodo en 522. Durante su reinado, se casaría con la hija de Clodoveo, Clotilde, pero según algunas fuentes contemporáneas, quería que ella se convirtiera al cristianismo arriano e incluso la golpeaba hasta el punto de hacerla sangrar. Su hermano Childeberto I, era el rey de los francos, y después que le enviaran una toalla manchada con sangre de su hermana, tomaría medidas contra Amalarico. El ejército de Childeberto destruyó Narbona, y el rey visigodo se vio obligado a huir a Barcelona en 531. Durante su estancia allí, fue asesinado por sus propios hombres, aunque algunos historiadores sospechan que Teudis, el rey que sucedería a Amalarico, estuvo involucrado de alguna manera.

La muerte de Amalarico como el último de los Baltos no es más que nota a pie de página un poco triste en la historia. Durante la mayor parte de su vida, no fue más que un títere de las ambiciones de su abuelo. Incluso su nombre nos dice claramente quién fue la dinastía a cargo durante los últimos días del reino visigodo. Mientras que los Amalos continuarían gobernando durante un tiempo más en la Italia Ostrogoda, los Baltos dejarían de participar casi al mismo tiempo que la muerte de este rey.

Reyes Visigodos Después de los Baltos

La España visigoda se mantuvo en gran parte independiente durante los siglos VI y VII hasta que fue aplastada por invasores musulmanes omeyas en 711.

La lista de reyes que siguiera a la dinastía de los Baltos cuenta con un asombroso número de 25 reyes. Durante su reinado, el antiguo Reino de Toulouse tendría diferentes nombres, tales como Reino Arriano de Hispania y Reino Católico de Toledo. Los reyes en cuestión incluyen Teudis, Teudigiselo, Agila I, Atanagildo, Liuva I, Leovigildo, Recaredo I, Liuva II, Viterico, Gundemaro, Sisebuto, Recaredo II, Suintila, Sisenando, Chintila, Tulga, Chindasvinto, Recesvinto, Wamba, Ervigio Egica, Witiza, Roderico, Agila II y Ardo.

De estos reyes, los monarcas de importancia histórica son Teudis, Recaredo I, Suintila, Recesvinto y los últimos tres reyes de la lista. Teudis fue el primer monarca de los visigodos que no era Balto y obtuvo su fama como portador de la espada de Teodorico el Grande. Teudis era un hábil guerrero, pero también un monarca que respetaba a la Iglesia e incluso mostraba indulgencia hacia los católicos, lo que no era muy común entre los reyes góticos que practicaban el cristianismo arriano. Sus parientes gobernarían el reino ostrogodo en sus últimos años después de que lo matara en su palacio en 548 un hombre que fingía estar loco. San Isidoro de Sevilla, arzobispo y erudito en ese momento, escribiría que Teudis, mientras yacía sangrando en el suelo, ordenó que se perdonara a su asesino porque el asesinato era solo Teudis pagando sus deudas por un crimen similar, es decir, el asesinato de su monarca.

Recaredo I gobernó desde 586 hasta 601. Su ascensión al poder supondría el cambio más drástico en la historia religiosa visigoda. El año siguiente, en 587, Recaredo renunciaría al cristianismo arriano y se declararía católico, y la mayoría de sus aliados más cercanos en la Iglesia hicieron lo mismo. Este movimiento, sin embargo, condujo a muchos levantamientos arrianos, todos los cuales el rey aplastó. Recaredo también mostraría una intolerancia total hacia la población judía, persiguiéndola y prohibiendo formalmente sus prácticas religiosas. Moriría por causas naturales en su capital, Toledo.

El reinado de Suintila estuvo marcado tanto por la paz como por la recuperación de territorios que el Imperio Bizantino tenía bajo su control. Pero lo más importante, durante el reinado de Suintila ocurrió cuando se vio la importancia de unificar la península ibérica, utilizando por primera vez el término "mater Spania". Lingüísticamente hablando, fue la primera vez en la historia que se utilizaría el término "España" en estas tierras.

Recesvinto gobernó desde 649 hasta 672 y, curiosamente, fuera de una sola rebelión, España disfrutaría de un período de paz desde 653 hasta la muerte de Recesvinto. Al igual que Recaredo I, Recesvinto era antijudío, pero tolerante en otros aspectos de su carrera política. En 654, por ejemplo, pretendería sustituir el *Breviario de Alarico* por un nuevo código de leyes que debían seguir tanto los godos como los hispano-romanos. Esta fue la versión mejorada y enriquecida del *Liber Judiciorum* que su padre, Chindasvinto, promulgaría en 642 o 643. Fue notablemente más influenciado por las leyes romanas con muy poca influencia germánica. Mientras estuvo en el poder, los concilios de la iglesia se convertirían en la máxima autoridad del reino, casi rivalizando con la del monarca.

En términos de los últimos tres reyes, debemos notar una discrepancia histórica. Roderico fue citado a menudo como el último rey visigodo antes de que el califato omeya invadiera España en 711. Si bien es cierto que el rey fue derrotado por el comandante musulmán Táriq ibn Ziyad en la batalla de Guadalete, Argila II también estuvo en el poder durante ese tiempo, probablemente como rival de Roderico. Sabemos muy poco sobre cualquiera de los dos gobernantes, pero podemos asegurar que Argila poseía solo una pequeña parte del antiguo reino visigodo cuando los invasores omeyas comenzaron su conquista. Ardo es el último rey de los visigodos cuyos registros históricos tenemos. Gobernaría entre 714 y 721 durante un total de siete años, muy probablemente defendiendo una pequeña sección del territorio (Septimania y la actual Cataluña) de los invasores musulmanes. Con su muerte y la toma de Narbona, desaparecieron los últimos vestigios del reino visigodo.

Capítulo 4 - La Cultura de los Godos: Religión, Costumbres, Jerarquía Social

Religión de los Godos

No se sabe mucho sobre el paganismo gótico temprano. Podemos suponer razonablemente que era una forma de una antigua religión politeísta germánica y que tenían un panteón similar a los primeros alemanes escandinavos. Sin embargo, debe tenerse en cuenta que los godos se enorgullecían de sus antepasados y que los deificaban. La dinastía de los Amalos es el ejemplo perfecto, considerando que se veían a sí mismos como los sucesores de los Guti o Gautas. Muchos de los aspectos de los Gautas son similares a Odín/Wotan, lo que da más credibilidad a la hipótesis de que la religión pagana gótica era en gran parte de composición germánica. Otros dos posibles dioses góticos de los que tenemos alguna evidencia son un dios de la guerra, posiblemente un equivalente al Tiwaz germánico, y un dios del trueno conocido, presumiblemente, como Fairguneis.

Si bien apenas si sabemos algo sobre el panteón gótico de dioses o criaturas míticas, conocemos bastante sobre sus costumbres precristianas. Cada pueblo gótico, llamado kuni, tenía una comida para el sacrificio ritual como tributo a un ídolo de un dios pagano. Un reik gótico supervisaría la ceremonia, pero también tendría otros papeles importantes. Es decir, si un godo rechazaba la ceremonia o la fe pagana en su conjunto, el papel de los reiks era proteger la tradición y castigar a los no creyentes. Curiosamente, incluso en los primeros días del siglo II, cuando estaban emigrando a la Escitia romana, a los godos paganos no les importaban especialmente los cristianos romanos locales y, por lo general, los dejaban librados a su suerte. Sin embargo, serían brutales con los godos convertidos al cristianismo.

Algunas fuentes hablan de brujas góticas o "haliurunae", mujeres que aparentemente practicaban la hechicería y daban a luz a los hunos. Los líderes tribales se ocuparían de las mujeres sospechosas de esta práctica exiliándolas. Además, los godos comenzaron a participar activamente en las prácticas de sus vecinos inmediatos, como los taifalos. Por ejemplo, practicarían la pederastia, así como el rito de iniciación pagano temprano. Un niño tenía que matar a un animal salvaje de cuatro patas para deshacerse de la "inmundicia" y convertirse en un hombre. Y hablando de limpio e inmundo, los godos también harían juramentos sagrados y creían en la posesión demoníaca. Pero los godos no solo creían en la magia negra. La magia de la luz y los milagros también serían una parte importante de su repertorio religioso cotidiano.

Costumbres de los Godos Paganos

Es extremadamente difícil hablar de las primeras costumbres de los antiguos godos, ya que, por empezar apenas si hay relatos escritos sobre su cultura y su vida cotidiana. Sin embargo, sí tenemos alguna idea de sus costumbres durante la época en que habitaban el Imperio romano. Cuando leemos los textos que describen la pasión de San Sabas el Gótico, principalmente cartas de sacerdotes contemporáneos, aprendemos bastante sobre la vida cotidiana de la gente goda dentro de un pueblo. Esta incluye las prácticas religiosas en las que Sabas, un cristiano, se negaría a participar. Por ejemplo, nos enteramos de que los godos tenían la tradición de hacer desfilar por el pueblo un ídolo de madera en un carro ante el cual la gente tenía que inclinarse y rezar. De fuentes lingüísticas, también podemos especular que los primeros godos practicaban el sacrificio ritual, ya que los términos tanto para el sacrificio como para el sacrificador se usan en un contexto diferente en la Biblia gótica. Una parte importante de estos rituales era comer la carne del sacrificio. Probar la carne de un animal no sacrificado o incluso negarse a comer carne resultaría en un castigo horrible. En el caso de San Sabas, este consistiría en el exilio.

Otra importante costumbre de los godos nos llega de sus tumbas. La mayoría de las tumbas germánicas almacenan una variedad de objetos diferentes que la gente enterraba con el difunto por diversas razones religiosas o políticas. Por ejemplo, un noble anglosajón no cristiano sería enterrado con joyas, armas y comida para mostrar su nivel de prestigio social. Los cristianos posteriores eliminarían esta práctica, ya que se la consideraba extravagante e incompatible con la naturaleza humilde y ascética del cristianismo. Sin embargo, existe una discrepancia interesante con las tumbas paganas godas. Basándose en los hallazgos en las tumbas que pertenecen a la cultura Sântana de Mureş, o cultura Cherniajov, los arqueólogos descubrieron que todas las tumbas góticas en las que había de por medio una inhumación (es decir, enterrar el cuerpo en la tierra en lugar de quemarlo primero) no tenían armas. Aparentemente, los primeros paganos godos nunca enterraban a sus muertos con armas, lo cual es bastante diferente de lo que hacía la gran mayoría de otras tribus germánicas en Europa. Algunos eruditos señalan que la práctica de enterrar espadas y armaduras ni siquiera era común entre los alemanes de la antigua Europa hasta los siglos V y VI, cuando los godos ya estaban cristianizados.

Necrópolis visigoda, Sisopo, España[9]

Jerarquía Social de los Godos

Como se dijo anteriormente, el término "rey" no se aplicaría realmente a los gobernantes godos distinguidos, o al menos no hasta el rey Teodorico I (sin embargo, algunos dirán que su hijo Eurico en realidad es el primero en tener un título verdadero de rey,). El título que tenía cada gobernante godo era "reiks", que se parece mucho a la palabra latina rex, que se traduce "rey". Pero un reik godo no era un rey en el sentido tradicional. No había ninguna ley o tradición por la que un hijo del gobernante godo se convirtiera en el próximo reik. Tenía que ser elegido por el consejo tribal, que, si tomamos la Biblia gótica como fuente lingüística relevante, probablemente se llamaran

---

[9] Imagen original cargada por Mabonillog el 13 de septiembre de 2008. Obtenido de https://commons.wikimedia.org/ en julio de 2019 bajo la siguiente licencia: *Creative Commons Atribución-CompartirIgual 3.0 No portada*. Esta licencia permite que otros mezclen, modifiquen y construyan sobre su trabajo incluso por razones comerciales, siempre que le otorguen crédito y licencian sus nuevas creaciones bajo los mismos términos.

"gafaurds". El consejo estaba formado por los "maistans" (magnates) y "sinistans", (ancianos), que, junto a los reiks, eran las personas más privilegiadas de la comunidad gótica. Y, ya que estamos en el tema, la comunidad gótica tenía un nombre muy interesante, "kuni", plural "kunja". Este término es interesante porque tiene relaciones lingüísticas con términos como pariente e incluso rey.

Entonces, ¿cuál era el papel de un reik? Para las tribus góticas más antiguas conocidas, era el cacique local y juez supremo. Pero a medida que los godos se volvían cada vez más independientes, asumiría una serie de roles. Echaremos un vistazo a los reyes visigodos de Toulouse como ejemplo. Dentro del cristianismo arriano, por ejemplo, el reiks era el sacerdote principal, lo que probablemente era un remanente de la tradición pagana gótica. Luego, sería el comandante en jefe del ejército gótico y siempre estaría en el frente de batalla. Además, también era la máxima autoridad legal en el estado gótico, estableciendo leyes y dictando sentencias cuando fuera necesario. Y finalmente, dirigiría todos los asuntos que tenían que ver con la política exterior. Sin embargo, no tenía el poder completo. El consejo de magnates y ancianos todavía estaba muy vigente durante la época de la dinastía de los Baltos.

Cada kuni tenía su propio santuario, sus propios sacerdotes y, muy probablemente, su propio culto específico. También tenían sus propios pequeños ejércitos; un ejército se llamaba "harjis" en gótico y contaba con unos 3.000 hombres. Una subdivisión de un harjis se llamaba "hansa", pero no podemos determinar cuan grande podría haber sido una sola hansa.

La mayoría de las clases altas vivían en grandes propiedades. Los reiks, por ejemplo, vivían en un "baúrg" (este es también un término que posiblemente se relaciona con la palabra "burgo" que significa "ciudad, morada"), mientras que los nobles (los "frauja") vivían en una gran casa fortificada llamada "gards". Curiosamente, mientras que los baúrgs solo albergaban a los reiks y su familia, los guardias serían el hogar no solo de la familia de un noble sino de todos sus sirvientes.

Su finca albergaría esclavos ("zorrillos"), jornaleros ("asneins"), el "mago" (un título de origen poco claro) y otros tipos de sirvientes. Diferentes reikses harían que diferentes nobles y sirvientes les prometieran su lealtad, lo que llevó a la formación de clanes ("sibja"). A pesar de que los godos se estratificaron lentamente verticalmente (con reyes, sacerdotes y nobles en la parte superior y esclavos en la parte inferior), la estratificación horizontal en forma de clanes seguía siendo una parte importante de su sociedad.

La mayoría de los pueblos godos estaban constituidos por hombres libres, es decir, no eran esclavos ni miembros de la nobleza. Vivían en una aldea, un "haims", lejos de los reiks y los nobles. Sabemos bastante sobre los pueblos godos por la historia de San Sabas, que fue escrita y comentada por algunos de sus contemporáneos. Es decir, cada aldea o pueblo tenía su propia asamblea que manejaba todas las decisiones locales. Sin embargo, no podían afectar al consejo de nobles y, lo que es más importante, los nobles podían rechazar cualquier decisión que tomara la asamblea de la aldea.

Capítulo 5 - La Vida Cotidiana de los Godos: Trabajos y División del Trabajo, Vivienda y Arquitectura, Arte, Obras Escritas

Empleos en Tierras Godas

Varias fuentes tempranas pintan una imagen de los godos como personas predominantemente del bosque con estilos de vida nómadas muy bárbaros. Sin embargo, un documento invaluable nos da una idea más clara de lo que este pueblo antiguo realmente hacía en su vida cotidiana. Un obispo godo del siglo IV de ascendencia griega, Ulfilas, emprendería la enorme tarea de traducir la Biblia del griego al gótico. Para esta tarea, elaboró un alfabeto completamente nuevo utilizando runas germánicas y el alfabeto griego como base. Por supuesto, algunas fuentes afirman que la traducción probablemente fue un esfuerzo de todo un equipo bajo la supervisión de Ulfilas.

Prestemos mucha atención a la llamada Biblia gótica porque Ulfilas describiría los acontecimientos cotidianos utilizando términos contemporáneos. En otras palabras, utilizaría la terminología goda para describir diferentes trabajos y ocupaciones en las historias bíblicas, terminología que sin duda fue utilizada por los godos. Por supuesto, estas palabras nos vienen de las tierras visigodas, lo que significa que los ostrogodos y otras tribus asociadas con los godos podrían no haber usado los mismos términos, aunque no podemos estar seguros.

De la traducción de Ulfilas, podemos determinar que los godos eran entusiastas agricultores. Araban muchos tipos de campos, llamados "akrs" y "thaurp" con arados llamados "hoha". Usaban bueyes, o "auhsa", para tirar de los arados y los uncían con un yugo, llamado "jukuzi". Algunas de estas palabras, como "auhsa" y "jukuzi", se corresponden claramente con los equivalentes ingleses modernos de ox (buey) y yoke (yugo), ya que tanto el gótico como el inglés son lenguas germánicas de origen. Los visigodos sembraban muchos tipos diferentes de grano, o "kaurn". Sus campos contenían trigo ("hwaiteis"), centeno ("kaurno"), cebada ("barizein"), así como lino, o "saian", que utilizaban para hacer lienzo ("lein"). La palabra de grupo para estos cultivos verdes era "riesgo". Un agricultor típico usaría una "giltha", una hoz, durante la cosecha ("asans"), que generalmente se hacía en verano. Los carros, o "gajut", llevaban el trigo cosechado para trillarlo a un lugar llamado patio de trilla, "gathrask". Una vez terminada la trilla, el grano se almacenaba en graneros. Una vez allí, el granjero godo molería el grano con un molino de mano circular, un "quairnus". Luego, el panadero tenía que hornear la masa elevada ("daigs") y hacer pan plano (como tortillas), "hlaifs". Sin embargo, según fuentes contemporáneas, los visigodos no producían mucho grano de estas prácticas agrícolas. Por eso tenían que depender de la importación de grano romano, al menos durante la época del emperador Valente en 366. Aparte de la agricultura, los godos eran hábiles en algunos oficios menores, como la jardinería, pero ninguna fuente de esa época nos dice cuán eficientes eran.

Es muy probable que durante los primeros tiempos los godos también se dedicaran a la cría de animales. Basándonos en los restos de comida y los escasos huesos de animales en los cementerios góticos, podemos afirmar con seguridad que los godos criaban vacas, ovejas, aves de corral, caballos y burros. Utilizarían los dos últimos para transporte y como bestias de carga. Las ovejas, en particular, eran útiles por su lana, que los godos utilizaban para vestirse. Las vacas producían leche, mientras que las gallinas ponían huevos; ambos alimentos esenciales para los godos, junto a la carne.

En las antiguas tierras godas, aparte de la agricultura y la ganadería, había una gran cantidad de profesiones diferentes. Algunas de ellas incluyen:

- herreros ("smitha" o "aizasmitha")
- carpinteros ("timrja")
- carniceros ("skilja")
- pañeros y bataneros ("wullar eis")
- pescadores ("nuta" o "fiskja")
- curanderos o primeros médicos ("lekeis")
- alfareros ("kasja")

Cada uno de estos oficios era importante para la vida cotidiana de un godo. Un herrero trabajaría en armas y herramientas de hierro. Curiosamente, también harían una gran cantidad de peines y fíbulas (broches para sujetar la ropa). Los carpinteros fabricaban muebles de madera con pequeñas hachas de mano. Tanto los carniceros como los pescadores surtirían de comida a una aldea goda de manera separada. Bataneros y pañeros trabajaban en lana para confeccionar ropa. Y, naturalmente, un sanador siempre sería necesario para los débiles y los enfermos.

Especialmente los alfareros son importantes para los historiadores y arqueólogos porque gracias a ellos s que tenemos una gran cantidad de utensilios góticos que sobreviven hasta nuestros días. Hacían diferentes vasijas de diferentes tamaños, pero también hacían lámparas de aceite que eran similares a las de sus contrapartes romanas. Las vasijas se producían en masa y muy probablemente se exportaran a otras tierras de la región.

El comercio era una parte importante de la vida de los godos, y los romanos eran de lejos, el mayor socio comercial siempre que fuera posible. Los romanos exportaban a los godos vino y aceite de cocina, así como tejidos finos y joyas. Todos estos elementos eran muy apreciados por los nobles godos y las casas ricas de la época. Por ejemplo, los hombres godos ricos bebían vino en cálices y copas muy adornadas, y las mujeres usaban elaboradas joyas hechas de plata y gemas preciosas. Siempre que estallaba una guerra entre romanos y godos, el comercio cesaría y los godos sufrirían una gran escasez. No es de extrañar que en tiempos de paz siempre reivindicarían el libre comercio. Si bien tenían materias primas y bienes materiales para comerciar, a menudo usaban esclavos como medio de pago. Siempre que había un exceso de gente (goda o no goda), los godos iban a los mercados de esclavos del Danubio y los vendían a los romanos.

Vivienda y Arquitectura

Pasando por los yacimientos de Sântana de Mureș/Cherniajov, podemos ver hallazgos fascinantes que nos hablan de las casas de los primeros godos. Existían dos tipos diferentes de casas en función de cómo se construían. El primero nos recuerda mucho a las primeras viviendas anglosajonas, donde las casas se construían con los pisos excavados en el suelo. Estas cabañas hundidas son lo que los arqueólogos llaman casas de pozo, o "Grubenhäuser" en alemán (en singular "Grubenhaus"). Las casas de pozo de los godos eran rectangulares u ovaladas, a veces incluso medio ovaladas. Normalmente era muy pequeñas, cubriendo entre 5 y 16 metros cuadrados, o 54 a 172 pies cuadrados. Los pisos eran de tierra apisonada, mientras que las paredes estaban hechas de barro y caña y los techos eran de juncos. Algunas de las viviendas de los godos cerca del mar Negro incluso tenían pisos de piedra. Todas y cada una de las casas tenían un hogar para calefacción durante los meses de invierno.

El segundo tipo de casa que habitaban los godos era la casa de la superficie. En alemán, estas casas se llaman "Wohnstallhauser" o byre (establo) + morada. El nombre en sí explica perfectamente su propósito: contenían dos partes bajo un mismo techo: la vivienda de la familia y la sección para los animales. También venían en dos tamaños diferentes. Las pequeñas casas de campo medían de 10 a 30 metros cuadrados (107 a 323 pies cuadrados), mientras que las grandes llegarían a medir entre 68 y 128 metros cuadrados (732 y 1,337 pies cuadrados). Ambos tipos de casas tenían paredes de yeso y un entramado de madera, juncos como material para techos, pisos de tierra apisonada y hogares de piedra.

Estas diferencias de tamaño y material no existían por casualidad. Las familias godas más ricas podían permitirse casas más grandes y resistentes para sí mismos y para su familia más lejana. Esto era especialmente cierto para los nobles godos que estaban en buenos términos con los romanos o que disfrutaban de mucha riqueza en el pueblo por una razón u otra.

Arte Gótico

Es lamentable que el término "arte gótico", así como "arquitectura gótica", estén relacionados con un movimiento que tendría lugar siglos después de que el último de los reinos góticos desapareciera hacía mucho tiempo. Apenas tenemos ejemplos adecuados de cómo los artistas góticos podrían haberse expresado. Sin embargo, debe haber habido algún nivel de habilidad notable. Por ejemplo, si miramos los broches básicos, hebillas de cinturón, peinetas, joyas personales y la cerámica de la cultura Sântana de Mureș o cultura de Cherniajov, podemos ver que el esfuerzo puesto en algunas de estas piezas no fue solo para que fueran útiles sino también estéticamente agradables. Posiblemente el ejemplo más famoso de esto sea la fíbula visigoda en forma de águila hecha de oro, bronce, espuma de mar, vidrio y piedras preciosas en el siglo VI. El motivo del águila era un remanente de la tradición romana, y los pueblos de los Balcanes continuarían usándolo hasta bien entrada la Edad Media.

Un estilo particular de confección de joyas que los antiguos godos perfeccionaron fue el estilo policromo. Usarían celdas forjadas e incrustarían piedras preciosas en cualquier objeto de oro que estuvieran haciendo. Este método continuaría en la Edad Media en el suroeste de Europa germánica mucho después de que ya se hubieran formado los reinos godos.

Arriba: Fíbula de águila visigoda, siglo VI; Abajo: fíbula de ballesta ostrogoda, siglo V[10][11]

---

[10] Imagen original cargada por Kaidari el 26 de marzo de 2012. Obtenido de https://commons.wikimedia.org/ en julio de 2019 bajo la siguiente licencia: *Creative Commons Atribución-CompartirIgual 3.0 No portada*. Esta licencia permite que otros mezclen, modifiquen y construyan sobre su trabajo incluso por razones comerciales, siempre que le den crédito y licencien sus nuevas creaciones bajo los mismos términos.

Obras Góticas Escritas

Al igual que lo que ocurre con el arte gótico, no sabemos casi nada sobre sus obras escritas, en gran parte porque los antiguos godos no tenían un sistema de escritura unificado. Sin embargo, hay algunos objetos que los estudiosos suponen contienen inscripciones rúnicas góticas. Tres de ellos se ven como una escritura gótica auténtica antes de la cristianización, uno de los cuales es un anillo de Pietroassa, Rumania, y dos son puntas de lanza encontradas en Ucrania y Alemania.

Pero con el cristianismo, los godos obtendrían un agregado muy necesario a su cultura: el alfabeto gótico. Durante el siglo IV, Ulfilas crearía un sistema de 27 letras que correspondían a sonidos en el idioma gótico. Su traducción de la Biblia fue, por supuesto, un paso en la dirección correcta para la cristianización de los godos, pero lo que es más importante, abrió la puerta a monarcas eruditos, inteligentes e ilustrados. Aparte de esta traducción, no tenemos ninguna otra obra escrita que utilice el alfabeto gótico, traducido u original. Además, ni siquiera tenemos el manuscrito completo de la Biblia gótica. En cambio, tenemos fragmentos que sobrevivían como cinco códices separados y una tableta de plomo que contiene algunos versículos del Evangelio.

---

[11] Imagen original cargada por Kaidari el 26 de marzo de 2012. Obtenido de https://commons.wikimedia.org/ en julio de 2019 bajo la siguiente licencia: *Creative Commons Atribución-CompartirIgual 3.0 No portada*. Esta licencia permite que otros mezclen, modifiquen y construyan sobre su trabajo incluso por razones comerciales, siempre que le den crédito y licencien sus nuevas creaciones bajo los mismos términos.

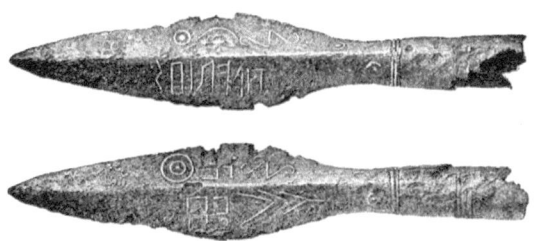

Punta de lanza de Kovel, Ucrania, con inscripciones góticas rúnicas probablemente señalando el nombre del arma [12]

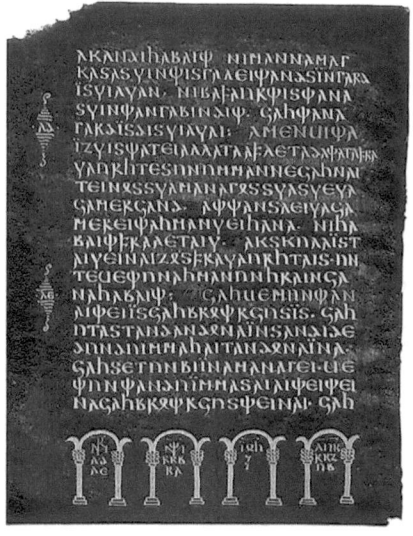

Una sola página del Codex Argenteus, el manuscrito más largo que contiene la traducción gótica de la Biblia de Ulfilas [13]

---

[12] Imagen original cargada por Hedning el 19 de junio de 2011. Obtenido de https://commons.wikimedia.org/ en julio de 2019 bajo la siguiente licencia: *Dominio Público*. Este artículo es de dominio público y se puede usar, copiar y modificar sin restricciones.

[13] Imagen original cargada por Asta el 22 de abril de 2006. Obtenido de https://commons.wikimedia.org/ en julio de 2019 bajo la siguiente licencia: *Dominio Público*. Este artículo es de dominio público y se puede usar, copiar y modificar sin restricciones.

Conclusión: El Legado Gótico en Europa

Entre los siglos IV y VIII, los godos, en general, hicieron más para cambiar el panorama político y cultural de Europa que la mayoría de los pueblos. No es de extrañar que dos movimientos gigantescos del arte y la arquitectura utilicen el término "gótico" en su nombre.

Los godos serían increíblemente adaptables. A través de sus conquistas (así como sus migraciones), abrazarían diferentes elementos de las culturas nativas, pero también influirían lo suficiente en otras como para convertirse en la cultura dominante tanto en Italia como en la península ibérica. Y como estaban tan cerca tanto de los romanos como de los bizantinos, se les puede considerar legítimamente los sucesores de Roma en aspectos importantes. Gracias a los godos, el derecho romano se mantuvo en práctica mucho después de que la ciudad de Roma cayera bajo Odoacro, y la transición entre la Europa romana y post romana se haría algo más fácil con los reyes góticos en la cima de su poder.

Una innovación particular que proporcionarían los godos cambiaría todo el curso de la guerra. Si bien comenzaron como un ejército totalmente de infantería, se convertirían en guerreros bastante efectivos a caballo. Ya en la batalla de Adrianópolis, el cacique gótico Fritigerno comandaría una división de caballería.

Los godos de los tipos Oriental y Occidental también serían responsables de más de unos pocos acontecimientos históricos que desde entonces se han vuelto legendarios. Serían los godos quienes saquearían Roma por primera vez (desde la creación del Imperio romano) en 410, y serían una serie de reyes góticos quienes decidirían qué emperador debía sentarse en el trono romano. En gran parte un rey godo sería el que le propinara a Atila el Huno su primera gran derrota, y sería otro rey godo el que uniría a España por primera vez en la historia y se declararía independiente del Imperio bizantino. Otro rey godo fue el que mataría al hombre que destruyera al Imperio romano Occidental y reclamaría el territorio para sí mismo, expandiendo aún más su reino y gobernando efectivamente a todos los godos y casi toda la costa mediterránea ibérica e italiana. Un sacerdote godo fue quien inventaría un alfabeto completamente nuevo para traducir la Biblia al gótico, dándonos una idea de las antiguas lenguas germánicas de la época, y fue una reina goda la que mantendría la estabilidad de Italia incluso después de la muerte de su legendario padre. Y son las dos dinastías góticas las responsables de dar forma a gran parte de la vida política, eclesiástica y social europea con su mezcla de costumbres romanas y góticas.

La historia de finales del siglo XIX y principios del XX no ha sido amable con los godos. Su asociación con el Partido Nacionalsocialista de los Trabajadores Alemanes de Alemania (los nazis) había dejado un mal sabor de boca a muchos historiadores y, lamentablemente, términos como "gótico" y "arriano" pueden hacer que la gente común se estremezca incluso hoy debido a las connotaciones que podrían tener. Pero históricamente hablando, los godos de Oriente y Occidente han contribuido mucho más, y de una manera mucho más halagadora, a nuestra memoria colectiva que cualquier cosa que haya hecho el régimen nazi. Como tal, tenemos que acercarnos científicamente a la historia del gótico, pero no sin una curiosidad inquisitiva, ya que pueblos como los godos, con su fascinante pasado, reinos tumultuosos y reyes feroces y legendarios, solo pueden dejarle con ganas de saber mucho más.

Vea más libros escritos por Captivating History

Bibliografía y Referencias

Brennan, P. (1984): Diocleciano y los Godos, En *Phoenix* Vol. 38, No. 2 (págs. 142-146) Toronto, CA: Asociación Clásica de Canadá

Burrell, E. (2004): Un Nuevo Examen de por qué Estilicón Abandonó su Búsqueda de Alarico en 397, en *Historia: Zeitschrift für Alte Geschichte* Vol. 53, núm. 2, (págs. 251-256). Stuttgart, Alemania: Franz Steiner Verlag

Burns, TS (1982): Teorías y Hechos: Las Primeras Migraciones Góticas, en *Historia en África,* vol. 9 (págs. 1-20). Camden, Nueva Jersey, EE. UU. Asociación de Estudios Africanos

Crouch, JT (1994): Isidoro de Sevilla y la Evolución de la Realeza en la España Visigoda, En *Estudios Mediterráneos* vol. 4, (págs. 9-26). University Park, PA, EE. UU.: Penn State University Press

Dunn, GD (2015): Flavio Constantino, Gala Placidia, y el Asentamiento Aquitano de los Godos, En *Phoenix* Vol. 69, No. 3/4 (págs. 376-393) Toronto, CA: Asociación Clásica de Canadá

Enciclopedia Británica (1981), recuperado el 18 de junio de 2019, de https://www.britannica.com

Heather, P. y Matthews, J. (2004): *Los Godos en el siglo IV.* Liverpool, Reino Unido: Liverpool University Press

Heather, P. (1995): Teodorico, Rey de los Godos, en *la Europa Medieval Temprana,* vol. 4, núm. 2, (págs. 146-173). Hoboken, Nueva Jersey, EE. UU.: Wiley

Heather, P. (1989): Casiodoro y el Ascenso de los Amalos: Genealogía y los Godos bajo la Dominación de los Hunos, En *Revista de Estudios Romanos* Vol. 79, (págs. 103-128). Cambridge, Reino Unido: Sociedad para la Promoción de los Estudios Romanos

Livermore, H. (2006): *El Crepúsculo de los Godos: El Ascenso y la Caída del Reino de Toledo c. 565-711.* Bristol, Reino Unido y Portland, Oregón, EE. UU.: Intellect Books (Libros Intelecto)

Moorhead, J. (1978): Boecio y Romanos en servicio ostrogodo, In *Historia: Zeitschrift für Alte Geschichte* Vol. 27, núm. 4, (págs. 604-612). Stuttgart, Alemania: Franz Steiner Verlag

Poulter, A. (2007): Godos Invisibles Dentro y Más Allá del Imperio Romano, en el *Boletín del Instituto de Estudios Clásicos* vol. 50, núm. 91, (págs. 169-182). Hoboken, Nueva Jersey, EE.UU.: Wiley

Sivan, H. (1987): Sobre Foederati, Hospitalitas y el Asentamiento de los Godos en el 418 d. C., en *The American Journal of Philology (Revista Americana de Filología)* vol. 108, núm. 4, (págs. 759-772). Baltimore, MD, EE. UU.: The Johns Hopkins University Press

Whitney Mathisen, R. (1984): Emigrantes, Exiliados y Supervivientes: Opciones Aristocráticas en la Aquitania Visigoda, en *Phoenix* vol. 38, No. 2 (págs. 159-170) Toronto, CA: Asociación Clásica de Canadá

Wikipedia (15 de enero, 2001), Obtenido el 18 de junio ° 2019, de https://www.wikipedia.org/

Wolfram, H. (1990): *Historia de los Godos.* Berkeley, Los Ángeles, CA, EE. UU. y Londres, Reino Unido: University of California Press.

www.ingramcontent.com/pod-product-compliance
Lightning Source LLC
LaVergne TN
LVHW041650060526
838200LV00040B/1791